网络电磁安全科学与研究路线图

The Science of Cybersecurity and a Roadmap to Research

[美] Benjamin J. Colfer 著

宋小全 熊 军 孙 旭 等译

鲜 明 审校

国防工业出版社

National Defense Industry Press

著作权合同登记　图字: 军 –2012 –060 号

图书在版编目（CIP）数据

网络电磁安全科学与研究路线图 / (美) 科尔弗 (Colfer, B. J.) 著 ; 宋小全等译.
— 北京: 国防工业出版社, 2013.2
（国防科技著作精品译丛. 网电空间安全系列）
书名原文: The Science of Cybersecurity and a Roadmap to Research
ISBN 978–7–118–08569–3

Ⅰ.①网⋯ Ⅱ.①科⋯ ②宋⋯ Ⅲ.①信息—研究 Ⅳ.①E869

中国版本图书馆 CIP 数据核字（2012）第284624号

网络电磁安全科学与研究路线图
[美]　Benjamin J. Colfer　著
　　　宋小全　熊　军　孙　旭　等译　鲜　明　审校

出版发行　国防工业出版社
地址邮编　北京市海淀区紫竹院南路 23 号　100048
经　　售　新华书店
印　　刷　北京嘉恒彩色印刷有限公司印刷
开　　本　700 × 1000　1/16
印　　张　14
字　　数　218 千字
版 印 次　2013 年 2 月第 1 版第 1 次印刷
印　　数　1—3000 册
定　　价　65.00 元

(本书如有印装错误，我社负责调换)

国防书店: (010) 88540777　发行邮购: (010) 88540776
发行传真: (010) 88540755　发行业务: (010) 88540717

序言

从我们使用的电话和其他一些日常用品到企业网络，再到社会经济运行依托的信息基础设施，信息技术的影响在社会各个方面已经广泛而深入。

由于美国的重要基础设施越来越依赖于公共和私有的网络，因此这些网络崩溃或失效造成对国家层面大范围影响的潜在可能性也增加了。

保护国家重要基础设施不单单是保护物理系统，更重要的是保护系统运行依赖的网络电磁部分。

为确定国家网络电磁研究与发展计划，以确保我们领先于对手并开发出在未来足以保护我们信息系统和网络的技术，本书仔细考察分析了网络电磁安全研究路线图。

第一篇：在与 DoD 和情报机构相关的所有领域中，保护计算基础设施的需求都日益凸显。由于现代计算系统在很大程度上是互联互通和互相依赖的，利用安全缺陷使其核心功能严重下降的可能性始终存在。虽然在保护网络和计算机资源上耗费了大量的精力，但目前过于依赖经验的方法成功率有限。

第二篇：美国正处于重要的决策关头，我们必须不间断地保护当前的系统和网络，同时努力摆脱面前的对手，确保下一代技术能使我们在保护关键基础设施和回应对手的攻击中处于有利地位。术语"系统"(system)广泛地用于表示系统和网络。

译者序

网络电磁空间 (以下简称网电空间) 安全研究已得到世界各国的高度重视, 美国无疑是这方面的先行者和带头人。美国政府在加强先进信息技术研究的同时, 将网电安全问题提升到一个前所未有的高度来认真对待, 其研究成果对未来全球范围内的网电理论研究具有重要影响, 吸收借鉴国外相关领域的先进理念和方法, 对推动促进我国在该领域的能力发展具有重要意义。

本书共包括两部分, 第一篇是 JASON 咨询组应美国 DoD 要求撰写的研究报告《网络电磁安全科学》, 第二篇是美国土安全部发布的《网络电磁安全研究路线图》。第一篇从理论、实验、实践等多个角度分析了网电安全作为一门科学面临的基本问题, 并重点分析了模型检测、形式化方法以及免疫学在本领域的可能应用前景, 最后对如何推动网电安全科学的发展提出了建议。第二篇主要围绕所提出的 11 个网电安全领域的难题 (如可扩展可信系统、企业级安全度量等) 展开, 以提问的形式, 从背景需求、研究现状、差距、目标、测试评估等多个角度对这些问题进行了深入探讨, 提出未来研究建议和近期、中期、长远研究路线。与国外同类书籍相比, 本书内容涉猎广泛、论证严谨、权威性高、针对性强, 能够代表美国政府和学术界当前针对网电安全领域的最前沿观点和看法, 是我国相关决策规划人员和科研技术人员了解网电安全研究现状和发展方向极具参考价值的文献。

本书第一篇的摘要和第 1 章～第 4 章由宋小全译，第 5 章～第 6 章由冷家旭译，宋小全对第一篇进行了初统和初校；本书第二篇的概要简介、第 1 章～第 3 章和附录由熊军译，第 4 章～第 7 章由孙旭译，第 8 章～第 9 章由刘浩然译，第 10 章～第 11 章由董平译，熊军对第二篇进行了初统和初校；宋小全对全书进行了统稿和校对，最后由鲜明对全书进行逐字逐句的审译、修改。本书翻译过程中，得到了国防工业出版社崔晓莉编辑的大力帮助和指导，在此顺致谢忱。

我们在翻译中尽量尊重原著的风格，矢志译得准确、严谨、流畅，为方便读者理解还对部分特定缩略语进行了展开解释。但毕竟因水平有限，错误和欠妥之处在所难免，恳请读者批评指正。

译　者
2012 年 12 月

目录

第一篇　网络电磁安全科学

第一篇　网络电磁安全科学

JASON

The MITRE Corporation

摘　要

　　JASON 应 DoD 之邀考察网络电磁安全的理论和实践,评估是否存在潜在的基本原理从而使采用更科学的方法成为可能,同时确定创建网络电磁安全科学的需求,并推荐科学方法应用的特殊途径。我们的研究明确了一些与之特别相关的计算机科学的子领域,也提出了一些进一步发展网络电磁安全科学的建议。

第 1 章

概要

保护计算基础设施在与 DoD 和情报部门有关的所有领域中都已变得意义重大。由于现代计算系统的相互连接和相互依赖的程度，存在着利用安全漏洞使系统核心功能严重降级的可能性。

JASON 应 DoD 之邀研究网络电磁安全的理论和实践，评估是否存在潜在的基本原理从而使采用更科学方法成为可能，确定创建网络电磁安全科学的需求，并推荐科学方法应用的特殊途径。我们的研究明确了一些与之特别相关的计算机科学的子领域，也提供了一些进一步发展网络电磁安全科学的建议。

定义一门网络电磁安全科学的挑战源于这一领域的独特之处。网络电磁安全的"世界"是一个人造的环境，与真实物理世界仅仅存在微弱的关联。所以无论攻击方还是防御方，几乎不存在先天的约束。最重要的是，与网络电磁安全相关的威胁是动态变化的，其中，对手的性质和议程在不断的变化，遭遇的攻击样式随时间在不断演化，部分是为了应对防御行动而作出的改变。因此，没有一个科学领域能覆盖网络电磁安全所有突出的问题。然而，它仍存在和其他一些研究领域相似的地方。网络电磁安全需要理解计算机科学领域的概念，同样也要借鉴诸如流行病学、经济学和临床医学等的观念；这些类比将有助于确定研究的方向。

我们的研究确定了几个与之有明确关联的计算机科学的子领域。这些子领域包括模型检验、密码学、随机论、类型论等。在模型检验中，人们提出算法的详细描述，然后尝试验证在特定假设下该描述的不同推论的正确性。模型检验为考察安全问题提供了一种有益的和严格的理论框架。密码学，研究存在敌对方且敌对方的假定功率必须明确规定的通信，今天已被看作一个严谨的研究领域, 而且其研究方法可以为未来的网络电磁安全科学提供有益的经验。类型论则是任一种能够替代朴素集合论的形式系统, 在程序安全性推理方面也是有效的。模糊处理是一种用来伪装或打乱程序的数据路径和变量的方法, 可以帮助人们抵御某些常见的攻击模式。最后, 博弈论的思想可以帮助我们确定网络电磁防御行动的优先次序。在所有时间里保护所有的东西是不可能的, 所以必须建立关于风险的概念, 博弈论方法提供了一种推理框架。

显然, 人们希望提出计算机系统安全等级的度量方法, 但需要理解并意识到这些方法的局限性。当然可以通过记录各种现有的攻击策略来确保系统不受这些攻击的影响, 但这是一种保守的方式。对文件和关键程序的变化检测固然对识别异常有所帮助, 但将这些异常与实际的攻击关联起来还需要进行更深入的研究, 可以利用源自机器学习和事件处理等科学领域的思想。

JASON 意识到需要加快将研究成果转化为易为开发者使用的工具。有一些非常先进的方法 (如前述的模型检验、类型检测等) 能用来评估和分析现有系统的安全性能, 但目前它们还不能以开发工具的形式得到广泛的应用。对这类工具的私人开发商来说, 这个市场可能不够大, 这就需要DoD 更加积极的支持未来的开发。

DoD 提出了一些问题作为研究的部分内容。下面我们列出了这些问题和我们的答案。

(1) 哪些科学理论、实验和 (或) 实践方法的基本原理是网络电磁安全研究团体为取得重大进展而必须采纳的? 研究团体是怎样从这些基本原理中获益的? 是否存在必须采纳的网络电磁安全科学的哲学基础?

最重要的是构建公共语言和一整套基本概念, 据此, 研究团体可以共享理解和认识。虽然网络电磁安全是存在着对手的科学, 这些对象将随时变化, 但共同语言和协商一致的试验性协议将有助于假设的测试和概念的确认。如果出现了关于研究进展的一致意见和关于未来更有希望的研究方向, 研究团体将从中受益。同时, 必须与现实世界中的实践保持联系 (类似在医学领域从动物模型测试到可能的临床试验的一种进展)。

(2) 网络电磁空间是否存在可以形成科学研究的基础的 "自然法则"? 是否需要考虑数学抽象或理论模型?

网络电磁安全不存在类似物理、化学和生物学中固有的 "自然法则", 本质上是一种应用科学, 由自动控制论、复杂性理论和数理逻辑等计算机科学的数学模型构成。

(3) 是否存在一种度量标准体系可用来测量一个系统、一个网络、一个任务的网络电磁安全状态并得到可重复的结果? 测量理论或实践是否有助于提高我们量化网络电磁安全的能力?

多种度量标准可以有效地应用, 例如现代入侵检测系统等。但必须意识到这些度量标准是基于经验和统计得出的, 无法应用在没有详细规定的场景中, 特别地, 无法度量那些还没有观察到的事情, 例如新的攻击方式。不可能对信息系统的一般行为进行安全等级非常确定的度量。度量结果的可重复性取决于是否严格遵守协议标准和判决准则。而目前, 可重复性不是公布网络电磁安全结果需要考虑的首要标准。

(4) 网络电磁安全研究的科学基础是什么? 传统的实验和理论研究方法在网络电磁安全上是否仍有效? 是否存在解析和方法论的方法? 这些方法是什么?

值得肯定的是, 传统的实验研究和理论研究都适用于网络电磁安全领域。最首要的是建立起研究的协议从而可以开展可重复的实验, 这些协议需要提供初始条件的清晰描述、许可的威胁种类和安全目标的确切含义。

(5) 传统科学理论和方法, 例如复杂性理论、物理、动力系统理论、网络拓扑学、形式方法、数学、社会科学等, 能否对网络电磁安全科学有所贡献?

传统的部分计算机科学领域在过去对于深入理解网络电磁安全起到了作用, 未来仍将得到更多的重视。当创建了一个给定的系统或关键内核的安全模型, 然后利用一系列精确定义的可能输入来测试各种假设时, 模型检验显得特别有用。当输入空间无限时, 则可以对某特定的威胁建模。密码学通过关注假设来确保保密通信是可行的。编码模糊处理技术和类型理论的应用也使我们可以更深刻地认识安全代码的构建。最后, 博弈论将在安全评估方面扮演着重要角色。对 DoD 来说, 保密在网络电磁防御中也是有价值的重要措施, 例如, 利用模糊处理技术, 开发 DoD 专用安全产品, 搜集和保护未公开的网络电磁攻击的数据等。

(6) 建模和仿真方法如何在网络电磁安全科学中发挥作用?

建模和仿真在很多方面都能发挥作用。一方面是利用现有的计算能力在运行的系统上持续地进行安全测试; 另一方面是利用虚拟机等概念提供精确定义的试验床, 以一种受控的方式来检测计算和安全系统在受到明确定义的攻击时的行为反应。

(7) 在小的、封闭的和受控的环境下, 可重复的网络电磁实验是可能的, 但这能否扩大到整个互联网上并得到可重复的结果呢? 或扩大到可支持 DoD 和 IC 的互联网的子网上呢?

因为对以前的小规模实验的结果没有系统性梳理,提这个问题有点为时过早。以前的大部分工作不是为着可重复性的目标开展的,重要的是首先评估这些较小规模的试验床的效用,而不是先去考虑如何扩大可控的网络规模甚至扩大到整个互联网。

(8) 为形成网络电磁安全科学领域,需要哪些步骤来发展和培育其中的科学探究? 建立网络电磁安全科学研究团体又需要什么?

成立联系学术界、工业界、国家实验室和 DoD 的跨学科中心应该是重要的一步。这些中心应将研究重点聚焦到网络电磁安全问题上,特别是与 DoD 需求相关的问题上,但也将影响其他发挥重要作用的机构的行动,如 DARPA、NSA 在信息安全保障方面的努力。在所有此类机构中,为团体建立起评审过的标准协议是很重要的,这有利于团体的交流沟通和研究结果的存档。

(9) 是否有理由相信上述目标基本上是无法实现的? 如果是,为什么?

每一条理由都使人相信朝着上述目标的努力能取得重大的进展。人们首先必须理解从事网络电磁安全的科研企业的性质,描述清楚研讨对象的特性。只要提出公认的论述方法,大量有价值的科学研究都能实现。考虑到网络电磁安全具有技术和社会两方面因素,即使技术活动自身不能 "解决" 网络电磁安全问题,它们也将起到巨大的促进作用。

第 2 章
问题陈述和介绍

DoD 交给 JASON 一项任务, 研究科学与网络电磁安全的相互作用。该指示的部分节选如下:

DoD、情报部门和全世界已经变得严重依赖互联网来提供和完成各种服务、交易、社交活动、通信、医疗诊断、战争, 事实上包括几乎所有的事情。如今网络电磁安全对我们的生存来说至关重要, 但作为一个研究领域, 它没有牢固的科学基础。显然, 互联网基础设施具有其科学基础, 例如计算、通信和集成电路等, 但互联网的安全属性常常是模糊的或不可测量的。在比特层面的小小改动可导致节点或网络安全方面的巨大且常常是难以理解的后果。人们担心未来对我国的核心基础设施网络的破坏将带来灾难性的后果, 例如电力系统、自来水系统、金融和银行系统等, 甚至对国防力量的部署能力也会带来影响。

我们当前的安全策略取得的成功很有限, 而且已经演变成了与对手的军备竞赛。为了取得安全上的突破性进展, 我们需要对网络电磁安全科学的基础问题有更深入的理解。可是, 我们甚至还没有基本的概念、原理、数学架构和工具来可靠地预测或测量网络电磁安全水平。当前要定性地确定改变网络电磁基础设施所带来的影响都是困难的, 更不用说定量地确定安全水平的提高程度。我们没有实验工具能产生可以与理论、模型或仿真相比较的结果。这要求 JASON 考虑网络电磁安全是否能或是否应成为一门科学。如果是, 必须找出构建网络电磁安全科学的需求, 并且推荐特定的途径以使科学方法可以应用到网络电磁安全中去。如果不是, 我们又能从科学实践中学到什么? 怎样提高网络电磁基础设施的安全, 并且保证信息技术基础设施中传递的信息的完整性?

在网络电磁空间存在安全问题已经形成普遍共识。例如:

互联网安全问题正一天天变得更加突出。网上色情、淫秽信息正严重危害着青少年的身心健康,犯罪活动如网上欺诈、偷盗等正严重危害公共安全,计算机病毒和黑客攻击给互联网运行的安全性带来了严重威胁,而互联网泄密对国家安全和利益带来了严重威胁。

这段引用来自中国互联网管理负责人王成 (音译) 2010 年 4 月 29 日发表的名为《我国互联网的发展和管理》的文章。美国官员可能不会强调互联网上的色情内容,但其他方面的问题描述是准确的。

在这篇报告中,我们总结了在网络电磁安全科学研究中的研究成果。由于网络电磁安全研究是个宽泛的领域,能够从许多科学门类的研究中获益,如计算机科学、数学、经济学和社会科学等,所以提交给我们的相关课题的研究不可能完善。

这篇报告结构如下,第 3 章就网络电磁安全科学的作用介绍了的研究成果和有关结论。我们尝试与其他科学领域进行比较,也试图找出对未来研究有价值的那些领域。然后,我们用了更长的篇幅来讨论两个与网络电磁安全密切相关的领域。首先,在第 4 章讨论了基于逻辑的工具在验证程序的安全时不同观点的作用,尽管这一领域前景非常看好,但仍需完成大量工作,以便适宜于当今的复杂系统;其次,在第 5 章讨论了免疫学是否可作为网络电磁安全科学的潜在候选者,我们找到了某些关系,但结论是还为时过早。最后,在第 6 章,我们总结了关于网络电磁安全科学作用的所有研究结果。

第 3 章

网络电磁安全科学概述

D. Stokes 在《巴斯德的象限》一书中介绍了研究的三种类别, 根据研究的目的可分为纯粹为了认识和理解, 纯粹为了应用, 或者二者兼而有之, 并分别称为 "波尔的象限"、"爱迪生的象限" 和 "巴斯德的象限"。单纯为了理解网络电磁安全而开展有效地研究是可行的; 同样的, 以解决当前的问题而开展有效地研究也是可行的。我们的结论是网络电磁安全科学应该位于巴斯德象限。网络电磁安全既要求对基本原理有深入地理解, 又要紧密结合发展中的问题。要求任何一个研究团队在两方面都同样精通是不必要的, 即使是对特定问题而言。

支持这种立场不会是一件太轻松的事。它会招致两方面的批评。为深入理解网络电磁基本原理而开展的工作无助于解决如今面临的棘手又紧迫的问题。同样地, 为解决当下的问题而开展的研究常常又达不到目的, 而且很容易被束之高阁, 留下没有太大用处的研究结果。每个人依照对认知和应用的不同价值判断会选择不同的阵营。事实上, 本报告封面页上署名的人们证实了这一点。通过讨论具有网络电磁安全某些特性的其他科学和一系列例子, 本报告试图说明巴斯德的象限是正确的选择。

这篇报告没有令人惊讶的东西, 也没有特别深刻的见解。熟悉该领域的绝大多数人会觉得报告中的主要观点似曾相识。报告中可能会有错误, 也会存在不赞同报告的分歧意见, 但是在报告的准备过程中, 我们听得最多的是对重点理解的差异。一些人采纳了 "波尔 - 巴斯德 - 爱迪生" 系列的其他观点, 一些人认为网络电磁安全包含许多学科, 但其本身并非仅一门学科。我们认为这些立场和我们对该领域的观点是一致的。

3.1 网络电磁安全属性

谈到网络电磁安全科学, 首先必须论及一系列与其他研究领域无关的独有特征。首先, 网络电磁空间的背景几乎完全是人造的、数字的。即是说, 这个领域的一切均由人类制造。大家可能已经想到计算机、软件和网络, 也因此完全可以理解。事实上, 网络电磁空间的复杂性远远超过任何人的理解力, 其表现出的行为也是无人能预测的, 有时候甚至是难以解释的。从积极的一面看, 网络电磁空间可以简化为由 0 和 1 组成的二进制数列。在此空间中的行为由二进制数据的系列变化构成, 在时间上交错, 并存在于空间中的某个位置。人们可能会由数学诠释物理的有效性来进行推测, 但网络电磁空间本身就源于数学。数学是进行网络电磁空间推理的天然的方法, 这个主要观点将在报告中反复出现。第二, 网络电磁安全领域里有好人也有坏人。打破道德社会中协商一致的社会契约, 去做一些其他人不赞同的事, 从而使这个领域得到发展。就是说, 在网络电磁空间有对手, 并且这些对立者是有目的和有智慧的。

所以, 网络电磁安全中的推理不仅关系到建立的空间, 也关系到对手的行动和反应。网络电磁安全中的定义和概念将和所有科学一样不断更新。正如文献 [15] 中提到:

"一个好的命名将在科学知识与常识、在新的经验和旧的习惯间架起一座桥梁。任何科学的概念基础都是由事物的命名、观念的命名、名称的命名构成的一个复杂的网络。它自身会进化发展, 并且它在现实世界的反映也会发生变化。"

这段引用反应了 JASON 对哈佛大学的彼得·加里森的一篇演讲的观察评论, 在这篇报告中彼得对网络电磁空间中的科学类型和摩尼教科学或者存在对立者的科学进行了比较。对这类科学 (也包括任意一门学科) 尤其重要的是开发一种通用语言, 以便可以用公式来精确表示对感兴趣问题的严谨论证。我们一再强调这点是因为对网络电磁安全自身的定义是不确定的, 网络电磁安全包括正确性属性, 如机密性、完整性等, 还包括与 DOS 攻击、不断增长的意外事件等有关的活跃度属性。

3.2 其他科学的指导

在这一节我们仔细考察一些其他门类的科学, 希望能从中得到一些发展网络电磁安全科学的启示。我们重点关注与网络电磁安全相似的科学，比如具有活动主体的，或者那些随时间推移而变化的科学。网络电磁安全科学看起来不太可能像是广义相对论一样的宇宙真理，我们推断这是因为它完全是人造的，不存在类似物理学中的基本法则。

3.2.1 经济学

经济学是一门明确的研究竞争主体的社会科学。经济学有着浓厚的数学色彩，并常进行或多或少的特定预测。经济学模型跨越的范围很大，从基于数据的详尽分析到完全不切实际但有益的见解[19]。正如人人皆知的那样，很多的预测更类似于趋势判断，成功的记录也是形形色色的。然而，由于经济利益能决定对手的预期，经济学确实扮演着重要的角色。

3.2.2 气象学

气象学完全是以物理学为基础的。人们曾经希望利用更多的物理学模型和收集更多的数据，获得未来天气的高精度预报。尽管天气预报已变得越来越准确，周期也更长，但这种天真的想法仍是不可能实现的。事实上，对预测性的限制范围的认识与各种物理过程的基础性认识同等重要。另外，众所周知的是，有一些极端事件是非常难以精确预报的，需要事先对这些事件可能造成的后果做出应对计划。

3.2.3 医学

今天的医学主要是利用科学工具获得的条理化的经验。诸如关于细胞如何工作，或者身体如何对特殊分子做出反应的基础科学，如今仍然缺乏相关研究。尽管有定量测试的结果，却没有关于健康状态的完全的定量度量。个体的健康状态也无法比较，一个人不能说我比你健康 6dB。虽然如此，但在拥有现代医学的地方，人类的健康水平已经超出了祖先们的梦想。作为一类基本的研究对象，疾病被以一种大体有效的方式描述，其中一些已经被彻底消灭了，很多也得到了相当成功地医治。但尽管已经付出了种种的努力 (美国每年在医学研究上花费三百亿美元)，有一些疾病人们还只能勉强应付，如感冒，每年仍致使成千上万人死亡。该领域的研究成果受到经验的限制，没有人能知道怎样做到百病不侵。

3.2.4　天文学

天文学是一门基于观察的科学。科学家不会做天文学实验, 当然, 构成天文学基础的科学领域, 物理和化学, 具有很强的实验基础。另外, 就我们所知, 宇宙是非对抗性的, 我们相信当提出适当的问题时, 就基本的物理语义而言答案是可重复的。

3.2.5　农学

农学, 至少是与我们的主题相关联的那些方面, 既有生长的农作物, 也有袭击农作物的害虫。随着时间的推移, 农作物得到改良以抵御害虫, 但更常见的是, 害虫直接被杀虫剂, 或生物防治技术所消灭。如果没有持续的关注 (甚至即使有), 害虫们又将回来。

我们相信根据前文所给出的特性, 有助于理解, 在可预见的未来网络电磁安全科学将如何发展和将发展成什么样。我们注意到, 在现实世界中是应用科学和工程技术在解决问题。科学并不解决实际问题, 而是提供解决办法。

3.3　安全随时间降级

我们早就意识到, 在网络电磁安全领域要取得成功需要持续不断的关注和努力。不只是威胁和攻击在变化, 而且旧的安全技术会逐渐失效。随着技术进步, 网络电磁系统的属性会变得更好理解。下面是两个事例。

3.3.1　UNIX 密码

早先的 UNIX 密码是不超过 8 位的 ASCII 非控制字符。密码不是直接存储的, 多数情况下存储的是哈希值 (一种单向函数)。在现代系统中这些哈希值不容易被读到, 但如果机器被攻破, 那么这些哈希值就会被读取, 人们就会尝试去解开密码, 他们编造一些可能的值, 利用单向函数处理, 比较结果是否和这些哈希值相匹配。总共有 2^{53} 种早期的 UNIX 密码, 当时看来是非常多的。如今, 人们使用一个单核 CPU 在 1s 内可以尝试 3200 万种假设 (2^{25}), 那么要尝试所有的密码组合需要 1000 个核运算 3 天时间。这并不需要特别庞大的计算机, 只需要并行计算, 所有这 1000 个核可能就是僵尸网络中的 1000 台计算机。或者可以用 9000 台机器, 也不算很大的僵尸网络，在一个晚上完成整个计算。为了完全说明问题，我们留意到有很多办法可以使破解密码更加困难，例如，使用慢得多的单向函数和更大的密码范围。另一个方法是强迫大家使用更复杂的密码，但这会带来其他的社会学后果，且不幸的是利用任何科学方法都难以解决。在近期的俄罗斯间谍案中出现过一个极端的案例，其中 Ricci 说启动 stegano 图形程序需要先按 control-alt-E 键，然后输入一个 27 位的密码，而 FBI 在一次搜查中发现，密码记在一张纸上。

3.3.2 撞匙

第二个安全失效的例子来自房门上的普通的锁。在经过少量练习后，使用一种叫 "撞匙" 的简单技术很容易打开所有这些锁。当然这些锁是脆弱的，但直到 2005 年左右这种技术普及开来以前，问题并不严重。如今在网上有很多该技术的视频链接。

网络电磁安全即意味着攻击的种类和性质可能随时间变化。一般而言，预测所有的攻击是不可能的。为此，持续不断地检查攻击的现存模式以了解当前技术特点变得很有必要。同样，持续攻击自身系统以期发现迄今为止尚未发现的攻击也是必要的。

3.4 保密的角色

所有的安全制度都包括了保密。TSA 不会解释它正在调查的每件事，信用卡处理方不会充分解释它们的标准，等等。在计算机科学团体里，以有缺陷的密码系统为例，含糊不清的安全通常被认为是不好的，但这个问题的理论性的工作很少。我们下面提及一些保密 (或非保密) 的例子。

在家庭计算机上运行的商业反病毒软件，暴露出一些完全依靠公共防御的弱点。但是，一个恶意软件的开发者可以购买这些防病毒软件，并不断改进恶意软件直到防病毒软件无法检测出它们。市场已使这样的行为变得很容易，在线付费业务通过大量的商用程序可以运行上传的恶意软件，并报告结果 (一个例子是 scan4you.biz)。

博弈论和经济学教会我们对私人估价保密有时是能获利的，而在拍卖机制中，人们想了很多办法来使投标人透露他们的私人估价。另一方面，在各种不同环境下，这种 "信息不对称" 都可能导致不健全的市场，要么没有市场存在，要么只有被强迫的人在市场交易。

保密可能也需规则。例如, DoD 可能利用网络流量日志来调整它的网络防御, 这些日志很可能包含不应公开的资料, 因此, 探究保密和模糊处理的增强作用对 DoD 的系统来说是有益处的。

最后, 人们可能会询问保密源代码是否对安全很有帮助。首先, 对源代码保密可能会出于某些其他原因, 如其中包含的商业秘密等。无疑, 掌握了源代码对攻击者来说, 将能更好地发现逻辑错误并发起攻击, 这对定点攻击更有价值。另一方面, 没有源代码对一些有效攻击好像没有影响。但实际上代码所有者可能没有理由来公开源代码。作为例子来看下面的公告:

"我们和 FSB① 签署的协议是微软公司政府安全计划 (GSP) 的延伸" 微软在星期五的一份声明中宣称, "GSP 的目的是增强中央政府的信任, 就与俄罗斯的协议而言, 参与 GSP 计划将有助于为俄罗斯政府机构开发基于最新的微软技术和俄罗斯的密码技术的下一代可靠解决方案。"

3.5　网络电磁安全科学的面貌

要定义网络电磁安全中的 "安全" 含义不是一件简单的事。准确的定义是需要的, 但很常见的是那种 "那本不应该发生" 的事情。例如, 当你将一个 U 盘插入计算机, 计算机开始运行一些你从未听说过的程序, 这很糟糕。但当你启动你的计算机, 系统运行大量你从未听说过的程序, 这通常不算太糟。一般称第一种程序为 "非授权", 第二种为 "授权", 开始就是不严密的, 这就带来一个重要的网络电磁安全的问题。准确的定义是很重要的, 直到我们有一组恰当的对象可以仔细、清晰地分析审查, 才可能提高研究的严谨程度。例如在密码研究领域, 为了进行准确定义采用模型检验的方法, 我们将在第 4 节仔细讨论。

通过类比医学和农学, 我们不指望有灵丹妙药。成功, 无论如何度量, 都要求长期不断的关注和努力。网络电磁空间将始终对犯罪分子、间谍、破环分子和其他坏家伙充满诱惑, 他们将不择手段地谋求获利。但另一方面, 人类中的敌对分子有时会被阻止或被劝阻, 而病原体则不可能。多年以来, 银行具有多级繁琐的物理安全措施, 防弹玻璃、武装警卫, 有时是上锁的大门, 都是用来对付银行劫匪的。现在的银行不再像以前那样了, 他们已经取得长足的进步, 所以绝大多数劫匪们只能去仅有少量现金流的小

---

① 俄罗斯联邦安全局 (FSB, Federal Security Service)。

型分支机构了。

3.6 相关科学

我们给出了一些示例或研究, 或者潜在的研究领域, 来说明我们关于网络电磁安全科学的一些想法。我们力图描述这些工作具有, 或可能具有的对当今网络电磁安全问题的影响。

3.6.1 信任

信任是互联网贸易的基础, 甚至也是理解一份电子邮件的基础。如何理解信任, 如何对信任的增减变化建立模型仍然没有研究清楚。是否存在像热力学第二定律那样关于信任的规律, 信任度开始时较高, 随时间逐渐消散? 或者刚好相反, 信任度开始时较低, 随着一系列良好的体验而逐渐增长? 是否更加复杂, 又如何理解它的消长变化? 严格的定义再次看来是至关重要的, 包括对所得定理的作用和适用范围的评估也是如此。

3.6.2 密码学

密码学带来了很多有趣的概念、想法和重要的应用。我们仅仅提及其中之一, 是否有可能寻找恶意软件的签名而不会暴露我们正在寻找什么, 或我们是否已发现了它。即利用某种同态加密①算法对可疑的恶意软件的计算, 并在每一次计算后返回一个加密版本的结果。如果该方案可行, 则它的一个好处是如果不进行巨量的计算, 对手就无法知道发生了什么。该方案的要点是由我们关于保密的讨论而得来的。既然对手不可能发现我们对答案做了什么, 也就不能判断我们是否知道他们的代码是恶意软件。就我们所知, 这种方法的实际应用仍是一个未解决的问题, 但已取得较大进展, Rivest 对此做了简要介绍[17].

3.6.3 博弈论

博弈论已经在多个领域得到成功应用。这种方法可以准确地对攻击方

---

① **同态加密**是一种加密形式, 它允许人们对密文进行特定的代数运算得到仍然是加密的结果, 与对明文进行同样的运算再将结果加密一样。换言之, 这项技术令人们可以在加密的数据中进行诸如检索、比较等操作, 得出正确的结果, 而在整个处理过程中无需对数据进行解密。

和防御方的收益和他们反复的交互行为建模。我们注意到一个有意思的博弈论应用的研究, 在关于无线通信带宽分配策略[4] 上, 利用博弈论发现和证明了 ad hoc 802.11 网络协议能改善欺骗者的影响, 文献 [2] 也介绍了相关工作。

最简单的博弈是两个参与者进行一次的博弈。每个参与者有一系列操作, 而且他知道每一种操作的收益, 但依赖于对手的行动。所以原理上, 每个参与者作出他的所有行为选择时, 都要基于对手的行为, 来仔细斟酌每一步的选择。每个参与者采用一种策略, 可能还包含了随机选择, 描述他们将做什么。存在不止一种最优策略, 当双方参与者都不能仅仅通过改变策略而获得更大收益时, 纳什均衡出现了。当使得某一个参与者更有利的每一个变化都会对其他参与者产生不利影响时, 这两个策略共同被称为帕累托最优 (这通常称作反向肯定: 当一种改进使一个参与者更好同时没有使别的参与者更差时, 称为帕累托改进; 当不存在帕累托改进的余地时, 就达到帕累托最优状态)。存在着多个纳什均衡和多个帕累托均衡, 而且它们不一定是一致的。

更复杂的博弈的例子与无线网络有关, 因为它反复出现而且是典型的多个参与者的博弈。多个参与方仅仅使分析更复杂, 但重复性博弈增添了细微的差别, 超出了我们讨论的范畴, 所以我们只是概要介绍比上述 ad hoc802.11 网络简单得多的一种情况。

考虑简单的转发困境博弈, 如果参与者 B 转发 A 的包, 参与者 A 得 1 分 (B 将消耗能量 e), 反过来也一样。所以如果 A 决定转发而 B 不转发, 则 A 的收益为 c, 而 B 为 1。一次博弈如下所示

$$
\begin{array}{c|c|c}
& \text{Forward} & \text{Deny} \\
\hline
\text{Forward} & (1-\varepsilon, 1-\varepsilon) & (-\varepsilon, 1) \\
\text{Deny} & (1, \varepsilon) & (0, 0)
\end{array}
\tag{3-1}
$$

在双方参与者都知道何时结束的有限次重复博弈中, DD (双方都拒绝转送) 是纳什均衡 (在最后回合, 他们都将选择拒绝, 前一次同样选择拒绝, 依此类推)。但在双方参与者都不知道何时结束的多次重复博弈中 (甚至包括未来的贴现) 存在着其他更符合社会期望的纳什 (帕累托) 均衡。例如, 如果一个参与者一直选择转发, 前提是只要对方这么做, 之后改变策略选择拒绝转发, 则第一个选择拒绝的参与者的总收益将降低。在一定程度上这种收益代表了玩家的价值, 因为存在着这样的均衡, 每一个参与者都将继续不断地转送其他参与者的包。

3.6.4 模型检验

模型检验是一种传统上用来发现通信协议中的问题的强有力的工具。但是, 它实际上可帮助理解包括安全协议在内的任何程序。基本的方法是利用形式化语言来描述一个系统, 然后针对每一个系统期望的属性, 模型检验方试图寻找一个从系统到属性的反例。我们还可以扩展到短语模型检验方法, 例如 Alloy (http://alloy.mit.edu) 的作者解释了它与基于时序逻辑的状态空间搜索的不同。对我们来说, 共同的特点是可以先假设各种属性成立, 再利用这些工具来构建反例。关于该方法的更多细节将在第 4 节给出。

3.6.5 模糊处理

不同种类的模糊处理能够帮助攻击方和防御方, 特别是在低层次的攻击方面。Erlingsson[6] 的一篇文章详细、清晰地介绍了这方面的内容, 对防御方来说, 如果程序的存储配置不可能被攻击方掌握的话, 攻击就会变得更困难[20]。所有主流的操作系统都在这方面做了一定量的工作。尽管在 32 位系统中没有足够的空间来充分展开工作, 应用软件开发者也并非总是使用这些工具。这项技术仅仅只是防御方是否能比攻击方变化得更加迅捷这个一般性问题的一个方面。有很多种方法值得研究, 包括不同模式的随机化, 多重实现, 快速和经常地从检查点状态重新启动。不只是有工程问题, 还包括不同的方法该如何比较, 它们对哪些攻击有影响, 对哪些没有影响, 并且, 在什么样的环境下一种方法可以包含另一种?

3.6.6 机器学习

机器学习是一种识别攻击的工具。像多年前 "RedCode" 病毒的迅速传播只能用流行病学类的模型来分析, 结果表明持续等待, 直到攻击被广泛地识别出来是不可能阻止病毒传播的 (参考 http://ccied.sysnet.ucsd.edu/tutorial 上的讨论)。一个结果是引发 "军备竞赛", 防御方试图找到恶意软件在网络上的表现特征, 而攻击方则试图使自己看起来更加像正常的网络流量。恶意软件以很多种形式出现, 很难评价对恶意软件检测的有效性,(例如, 就像很难度量安全一样)。可是, 同样的技术可以用于检测垃圾邮件, 这里的有效性看上去更容易理解一些。美国的一些大型互联网邮件服务商, 如谷歌、微软、雅虎等利用用户的反馈信息和机器学习来帮助对邮件进行分类。巨大的网络带宽帮助了它们，而且过滤器也已经越来越完善。不幸的是，还很难看到令人满意的持续比较研究。

3.6.7 组件合成

是否可能由不安全的组件来构建安全的系统呢？短期来看较为现实的问题是，是否能利用安全性较差的系统组合出安全性较好的系统？如果可以，那么每一种方法的优缺点是什么？这些方法并不限于解决网络电磁安全问题，审计和复式簿记可用来防止作假和出错，人们提出的多种不同形式的审计可以帮助改进基于单主机系统的电子投票系统。与此几乎相同的是，让信息从多重路径经过然后检查结果是否完全一致。例如设想一种方案，并行地运行多个防火墙或病毒检测工具，仅仅允许符合全部检测的数据通过 (在这种简单的方案中，虚警也会增加)。事实上有很多例子采用了这种方法来确保系统更加可靠。举例来说，AT&T 的 5ESS 交换机中有一个进程专门扫描存储器，以找出那些它认为损坏了的数据结构，并进行修补。这个进程并非毫无瑕疵，但它的确使系统更加可靠。确实，最新操作系统的整套安全增强功能具有某些期望的特性，指望它们中的单独一个能完成得很好是不太可能的，但一旦组合起来它们就为系统增加了很多安全系数。在另一方面，仅仅为系统打上普通的补丁并不能解决问题。操作系统的功能通常需要保持一定的不相关性。跟往常一样，测量这样做的有效性是困难的，但是可以清楚知道哪些攻击可以被打败，哪些攻击将变得更难起作用，以及哪些攻击不受影响。

3.7 科学成果的应用

即使现在也有很多与网络电磁安全有关联的研究成果，当研究团队直接参与到如互联网标准和安全相关协议研究的时候，这些成果就得到应用。可是，在更多的领域，安全问题是研究团体所不能处理的。多数领域都一再暴露同样的问题，没有增加任何研究价值。

如果科学要发挥出应有的作用，那么就有必要将研究成果带给更多的社会大众。这在很多技术领域是常见的。政府常常用技术成熟度 (TRL) 来衡量某项技术有多成熟，以及它在系统中的适用程度。TRL3 意味着研究已显示出技术可行性，而 TRL7 意味着该项技术可以 (冒险地) 应用到系统中去，或被那些喜欢追赶最前沿技术的人们使用。这两级的可用性有很大的不同，不管是研究人员还是投资人，并不总是能够意识到。

评为 TRL7 级的技术并不一定就足以成为成功的商业产品, 因为人们并不总是很清楚是否有足够的市场来支持整个商业产品和工具的生产改进。一个突出的例子是 "Coverity", Coverity 是一种 C 和 C++ 程序静态分析工具。它通过分析源代码来尝试识别数据种类, 内存数据损坏和相似的情况。例如, 它会尝试确认当程序执行时, 每一个需要的锁都正确地释放了一次, 或者一个变量释放内存后不会再被引用。在一篇颇具吸引力的论文 (见文献 [3]) 中, 作者描述了他们遇到的障碍和他们的努力方向, 特别突出的是他们为适应用户环境而做的努力, 这是商业生存所必须的, 但是和研究无关。像绝大多数这类分析工具一样, 都不会努力去表明某一个程序是没有缺陷的。这一点对于人们使用它是很重要的, 静态检测器一般都有误诊, 会报告用户不在意的潜在缺陷, 要么用户可以说明缺陷实际上不可能发生, 或者他们并不介意, 比如它只存在于关机的代码路径里。第一类误诊出现的原因是静态检测器的功能比可以得到失败范例的模型检测器要弱。

我们稍微介绍他们描述的两个困难。首先, 他们不得不找到检测的代码。消费者往往使用很多种自动生成系统, 并且没有明显的地方可以插入检测器。他们选择拦截生成过程中的每一次系统调用, 从而找到用户的源文件。其次, 他们不得不分析程序, 如他们所说, "程序分析被认为是一个已经解决的问题。不幸的是, 这个观点太幼稚, 根源在于被广泛认可的编程语言存在的神话"。

为适应种类繁多的非标准 "方言", 他们为得到所谓的全版本无缺陷兼容能力做了大量的工作。

我们相信在模型检测器方面, 更多有效的工具将会带来研究水平的提高。Spin(http://spinroot.com) 和 Alloy (http://alloy.mit.edu) 是两个例子。这些免费的工具都设有专门的网站介绍使用方法和很多的使用范例。然而, 像这样的工具似乎主要是研究团队在使用, 还远未到普及的程度。

在航天领域, 一般的经验是每提高一个 TRL 等级, 耗费将增加两到三个数量级。我们还不知道在软件方面对应的数据是多少, 但两个数量级是合理的。获得研究成果是混乱和不确定的。除了表明这个成果应用过程需要得到支持外, 我们没有特别的建议, 它不会是偶然发生的。

3.8 度量

通常认为测量是科学进步的基础, 因此寻找可以量化系统安全状态的安全度量是我们前进的一小步。关于此问题我们有如下的看法。

首先，有很多统计数字是构造测量的基础。例如，人们可以计算攻击成功的次数，可能的话可以考虑加权。毕竟，不是所有的检测都是实时完成的；人们可以测量系统的恢复有多快；人们可以测量异常的网络流量，包括网络内部和网络边界处的；人们可以测量不明的系统失败，其中一些是由于硬件原因引起，一些是因为软件缺陷，还有一些与安全问题有关；人们可以量化审计的结果，包括未知的程序执行，或文件更改率，或系统日志中影响安全的事件等等；人们可以尝试测量可疑的用户行为；人们可以测量操作系统和应用程序的补丁层数。根据这些和其他的统计量，应该可以得到两种安全的估计量：系统针对已知攻击的防御程度和应对能力；以及可能带来安全隐患的事件的发生频率，这些是对工程实践的挑战。

其次，对安全的度量必须随着时间而改变，以适应环境的变化。攻击在变化，防御在变化，新的弱点也在被发现，需要持续不断的努力来对度量做适应性调整。保留旧的度量记录也是有用的，可以帮助分析安全形势的变化趋势。

第三，你无法测量你没有观察到的东西，这意味着即使是最好的度量体系也不能测量所有的事情。这与医学很类似，如果没有病症出现的话，人们只会是定期去进行身体检查，而且体检也只针对最常见的问题。

3.9　新技术带来的机会

网络电磁安全的难题之一是它不得不面对一个快速变化的环境。新技术在为用户提供新服务的同时也为攻击者带来了新机会，所以防御者需要持续不断地工作。网络电磁安全科学将必须适应一个扩张的世界。

下面是一些例子。

手机。现在手机已经很普遍了，但作为手持电脑的手机仍在快速普及中。手机智能化促使手机用户下载和使用大量的应用软件，包括银行交易和发送电子邮件。到目前为止 (2010 年夏天) 手机的不同操作系统，或我们不了解的一些其他因素，保护了手机免遭大范围的攻击。由于缺乏更深入的了解，我们没有理由相信这种状态还会延续下去。

无线电。基于 IP 无线电的自组织移动 (ad hoc) 网络，概念类似，但有不同的弱点。军队利用它工作，而军队总是是因对手而存在的。Ad hoc 网络可能是脆弱的，很容易想象对这些网络进行各种拒绝服务 (DOS) 攻击。

智能电网。智能电网时代正在来临, 它利用计算机控制个人家庭的电力供应, 并上传用电信息到电力公司, 后者确保消费者不会免费用电。对于该系统的安全和在遭受攻击后的行为反应存在着广泛的担忧。

多核中央处理器。一种完全不同的观点认为, 绝大多数 CPU 将会是多核的, 多核的存在为攻击者和防御者都提供了机会。作为一个存在潜在弱点的例子, 有人认为这种内核可以保护自己免遭非法用户数据的攻击。内核检查缓存的地址和长度, 然后读或写它们。在同样地址空间的另一个内核利用检查和使用缓存中间的短暂间隙, 可以将已检查并接受的值改为其他可利用的值。第 4 节介绍的模型检验方法能够检测这种问题。

云计算。云计算可能已经来到我们面前, 即便没有人知道它的确切含义是什么。但如果人们把云想象为很多虚拟服务器, 那么研究这些服务器或许容易一些, 重启那些看上去工作不正常的服务器, 包括那些已显示出被恶意软件感染症状的服务器。

有一种观点认为, 由于在现有互联网的基础上解决安全问题过于困难, 需要再造。某种程度上这正在进行, 但不是在 IP 层, 而是在应用层。考虑到有很多恶意软件来自 Web 网站, 通过浏览器给用户提供 Web 服务看来是提高网络安全的一个好机会。尤其浏览器在网络世界里的作用类似操作系统, 但它们可以频繁升级。作为虚拟机 (如 HTML5, Javascript, 等等), 浏览器的行为在绝大多数情况下是符合规程的, 并且它们还是可延续的, 且后向兼容性也没有太大问题。因此, 这些安全措施应该是可行的, 但如果要在传统操作系统上成功应用则显得过于激进。更进一步, 由于建立了标准, 所以形式化技术可以应用到安全研究中, 可参考文献 [1], 在其中描述了一种简单新型的 HTML5 形式的弱点, 涉及交叉来源重定向。

3.10 实验和数据

数据对于科学进步是至关重要的。一种有价值的关于科学是如何进步的描述是: 更深入的观察带来更深入的问题, 并可得出更好的理论, 如此循环。可关于网络电磁安全的科学是怎么适配这种情况的呢?

我们注意到 (观察到) 很多科学研究首先是依靠观察多过依靠实验的。这些科学包括天文学、流行病学、人口统计学, 经济学很大程度上也是这样。现今网络电磁安全基础研究的大量经验也是观察得到的。

不管是观察得到还是实验得到的数据, 必须具有的关键特征是它具有普遍性。从我们的网络或系统中得到的经验必然有助于我们理解在我们的世界里正在发生什么，但只有在一定程度上明白它在更普遍的环境中意味着什么的时候，它才接近了科学。

不管怎样，对于实验结果人们总是渴望的。这可以从计算机科学大会上作的报告中看出来，尽管很多计算机科学家，包括一些摘要报告人，抱怨实验完成的质量和报告的水平都很低。DARPA 正在支持一项宏伟的国家网络电磁靶场的计划，它将能够支持逼真的实验环境，并进行广泛的数据收集。人们期望实验能得到可重复的结果，这是否值得还有待观察。首先通过在较小范围内的测试得到结论，再用于指导较大范围内的开发应用将会更加稳妥。

生物学的研究对象无比复杂，然而生物学家还是找到了办法以开展有用的实验。我们并没有声称两者有任何特别的相似之处，我们的意见是复杂性本身并不总是有效实验的障碍。

考虑到伦理的因素，医学研究里的情况很复杂，既存在大量的观察数据，又有不同质量的临床研究结果。有一个组织叫"Cochrane 图书馆"(www.cochrane.org)，制作了特定主题文献的专家评论。我们以为网络电磁安全也可以从类似的方式中获益，可以从阅读客观评判不同主题的评论文章开始。特别是，提出不同改进建议的人们总是对益处充满信心，但大多数建议只在一个范围内是有效的，在另一个范围里其影响至多是中性的。公众对优缺点的评价将有益于科学发展。

第 4 章

模型检测

本节将讨论模型检测与形式化方法在计算机安全中的作用。在这种方法中，设计师首先必须针对一个正在开发中且包含通信模式的算法创建一种形式化描述。在此基础上，模型检测才能够用于模拟控制流，并验证或反驳关于软件代码的各种判断，如不能实现各种状态或不存在死锁等等。传统上，这种方法已被用于确保各种类型异步协议的可靠运行。然而如今，由于许多代码使用的是线程或分布式计算，在本质上都是异步的，因此模型检测在计算机安全领域也颇有价值。

本节所描述的工作主要是参考 Dr. Gerard Holzmann[9] 提供给 JASON 的一份报告，Dr. Gerard Holzmann 开发了 Promela (PROcess MEta Language, 进程元语言) 和一种称为 Spin (Simple Promela INtepreter) 的仿真验证引擎。本节首先描述该语言的一些基本情况，然后介绍其在著名的 Needham-Schroeder 密钥交换协议中的应用。随后将进一步讨论模型检测对于更复杂应用的前景。最后本节将讨论这些理念的推广，如 Schneider 开发的超特性 (hyper-properties) 的使用。本节的目的并不是认可在网络电磁安全分析中使用 Spin，而是指出：到目前为止，模型检测是一个非常成熟的领域，其中用于分析的基础语言已经确定 (即：线性时序逻辑语言)，而其验证的对象也有了非常精确的说明。正是这些定义了一种科学方法的属性，以及对多种具有明确界定的概念的采纳，将有利于网络电磁安全未来的研究工作。

4.1 Spin 与 Promela 简介

类似其他语言，似乎有义务提供一个例子，比如在第一次论述 C 语言

时以打印 "Hello World" 几个字为例。在 Promela 中, 该举例如图 4-1 所示。

虽然这看起来和其他编程语言一样, 但实际上是存在根本区别的。Promela 是一种过程建模语言, 它不支持浮点或其他比整型、字符串更复杂的数据类型。在上例中, 只要创建一个 main 进程就能够打印出字符串。

举个更复杂的例子, 传统的 "生产者—消费者" 会更明显。如图 4-2 所示, 图中的列表, 这段代码定义了两个进程 (生产者、消费者) 和三个全局计数变量 (P、C、turn)。当执行该段代码时, 首先创建上述两个进程, 然后

```
active proctype main ()
{
  printf("hello world\n")
}
```

图 4-1　Promela 语言中的 Hello world 举例[10]

```
mtype = {P, C}

mtype turn = P;

active proctype producer()
{
  do
  :: (turn == P) ->
  printf (''Produce\n'');
  turn = C
  od
}

active proctype consumer ()
{
  do
  :: (turn == C) ->
  printf (''Consume\n'');
  turn = P
  od
}
```

图 4-2　Promela 中的 "生产者—消费者" 举例[10]

通过检测全局变量 turn 以决定后续处理。由于没有时间排序的概念, 因此无法确定哪个进程先执行。而每个进程中的 do 循环会不断重复, 在循环中判断 turn 是否等于 P, 如果相等, 则执行打印语句; 如果不相等, 进程会被阻塞至 turn 等于 P 时, 而这就可以从一个很自然的角度来表现进程的同步问题。

上面的例子无关紧要, 但当存在多个异步且共享变量的进程时, 验证程序运行是否合理则比较困难, 这样的例子很容易构建。Spin 可提供一种非常复杂的验证方法, 既可用于检验判断 (如: 某变量永不为负), 还可以用于调查安全性要求 (代码不会做出一些坏事, 如破坏某些变量等) 和活跃度要求 (代码执行指定的函数)。

图 4-3 给出更好的说明。这是一个针对 Dekker 算法的有缺陷的方法, 该方法以两个进程为例, 其中一个进程试图在不受另一个进程干扰的前提下访问一段关键代码。这两个进程都会去检测全局变量, 以寻找合适的时

```
byte cnt;
byte x, y, z;
active [2] proctype user()
{       byte me = _pid + 1;      /* me is 1 or 2 */
L1:     x = me;
L2:     if
        :: (y != 0 && y != me) -> goto L1
        :: (y == 0 || y == me)
        fi;
L3:     z = me;
L4:     if
        :: (x != me)  -> goto L1
        :: (x == me)
        fi;
L5:     y = me;
L6:     if
        :: (z != me) -> goto L1
        :: (z == me)
        fi;

L7:     /* success: enter critical section */
        cnt++;
        assert(cnt == 1);
        cnt--;
        goto L1
}
```

图 4-3   Dekker 算法的缺陷版本 (用于说明 Promela 中的互斥现象)

机对计数变量 cnt 进行加 1 然后减 1 运算。由于两个进程的异步性, 问题在于创造条件使得另一个进程知道此时不可对变量 cnt 进行修改。然而, 在不存在任何时序保证的情况下, 这个问题是很难解决的。

Spin 系统具有验证模式, 能够检测是否存在一条可执行路径, 该路径可例证此版本算法存在的缺陷。当我们声明变量 cnt 为 1 时, 验证程序会尝试将其伪造成 1。当然, 若需产生这样一种状态, 是需要对进程进行时间排序的, 而 Spin 能够利用多种搜索策略寻找这种排序。

利用验证程序, 图 4-4 中所列输出是针对变量 cnt 真值为 1 的一个反例。

```
Starting user with pid 0
Starting user with pid 1
  1:    proc  1 (user) line    5 ...[ x = me]
  2:    proc  1 (user) line    7 ...[(((y==0)||(y==me)))]
  3:    proc  1 (user) line    9 ...[ z = me]
  4:    proc  1 (user) line   11 ...[(( x==me))]
  5:    proc  0 (user) line    5 ...[ x = me]
  6:    proc  0 (user) line    7 ...[(((y==0)||(y==me)))]
  7:    proc  1 (user) line   13 ...[ y = me]
  8:    proc  1 (user) line   15 ...[(( z==me))]
  9:    proc  1 (user) line   19 ...[ cnt = (cnt+1)]
 10:    proc  0 (user) line    9 ...[ z = me]
 11:    proc  0 (user) line   11 ...[(( x==me))]
 12:    proc  0 (user) line   13 ...[ y = me]
 13:    proc  0 (user) line   15 ...[(( z==me))]
 14:    proc  0 (user) line   19 ...[ cnt = (cnt+1)]
spin: line   20 "mutex_flaw.pml", Error: assertion violated
spin: text of failed assertion: assert((cnt==1))
 15:    proc  1 (user) line   20 ...[ assert((cnt==1))]
spin: trail ends after 15 steps
#processes: 2
                cnt = 2
                x = 1
                y = 1
                z = 1
 15:    proc  1 (user) line   21 "mutex_flaw.pml" (state 21)
 15:    proc  0 (user) line   20 "mutex_flaw.pml" (state 20)
2 processes created
```

图 4-4　Promela 中的生产者—消费者举例

从图中可以看出, 当进程 0 试图执行关键部分时, 进程 1 却使计算变量加 1 进而违背了声明。这种错误很难被发现, 但 Spin 的搜索能力在此方面远强于人类。若要解决这个算法中的问题, 可以在算法中增加一些额外信息, 用于确定给定进程关键语句的执行顺序, 进而协调所有进程。针对这一问题, Dekker 最早提出了解决方案。在该正确版本中, 验证程序无法找到该断言失败的情况。

Promela 语言也有其他结构, 它允许使用者指定异步进程通信, 在检测程序正确性时, 这种结构是非常宝贵的。然而, Promela 也存在缺点, 它只对程序规范进行分析, 而不是整个程序。本节结尾会对其进行阐述, 下面将考虑 Promela 在计算机安全领域的应用问题。

4.2 安全领域应用

现代密码协议的应用是计算机安全的一个重要组成部分。虽然原则上其中大部分是易于描述的, 但执行起来却极其困难。原因在于它们复杂的边界条件需要结合计算机系统的日常使用情况, 但是这一点在人们进行安全协议校验时常被忽略。这些边界条件导致了被攻击的可能性。同时, 因为列举所有这类攻击是非常困难的 (如果可能的话), 那么现实世界的协议分析会变得非常重要。

在参考文献 [14] 中, P. Maggi 与 R. Sisto 研究了如何使用 Spin 模型检测器研究著名的 Needham-Schroeder 协议交换算法。特别的, Spin 是在假设存在入侵者监视通信的情况下, 对协议主体的通信模式集进行检查的。

4.2.1 Needham-Schroeder 协议

Needham-Schroeder 协议最早开发于 1978 年[16], 其主要作用是启动发起者 A 与响应者 B 之间的经过认证的安全通信。

如图 4-5 所示, 交换协议使用公钥加密算法。每个参与者 H, 包括发起者和响应者均持有一个公钥 PK (H) 和一个私钥 SK (H)。由公钥加密的信息只能利用私钥进行解密。参与者 H 使用的私钥只有 H 掌握, 而公钥则对所有参与者共享。在这种情况下, 我们假设公钥已放置在密钥服务器 S 内。

为了完成与 H 的通信, 发送者首先使用公共密钥将信息 x 加密生成加密信息 xPK (H)。只有拥有秘密密钥 SK (H) 的接收者 (希望仅 H) 才能对该信息解密。此外, 这种方法还具有一个好的特点, 我们可以验证来自于 H 的信息是否是通过 H 的私钥进行加密的; 该信息也只能通过公共密钥 PK (H) 进行解密。因此, 该方法在提供一种加密能力的同时, 也提供了

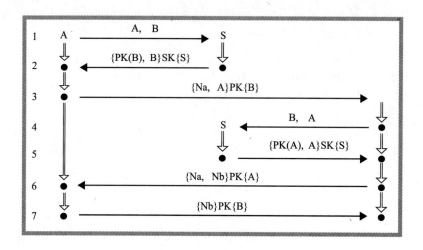

图 4-5　Needham-Schroeder 密钥交换协议

一种利用安全签名认证信息的能力。

图 4-5 中, 此协议包括了七个步骤, 其中 A 是发起者, B 是响应者, S 是密钥服务器。

(1) A 向服务器 S 申请 B 的公钥。

(2) 服务器 S 使用其秘密密钥将 B 的公钥加密发送至 A, 以便 A 知道该信息来自 S, 并且如果 S 在 A 的信任列表中, 则可确定该信息为 B 的公钥 (注: 这里假设公共密钥是未受到损坏的, 但我们可以通过时间标记确认这些密钥是最新的)。

(3) 一旦获得 B 的公钥, A 选择一个临时值, 即: 一个在协议序列中仅使用一次的随机数 Na。A 将临时值通过 B 的公钥发送至 B, B 对其进行解密。

(4) B 随后向密钥服务器 S 申请 A 的公钥。

(5) 服务器将 A 的公钥安全地回送至 B。

(6) B 将自己的临时值 Nb 与 A 的临时值一起通过 A 的公钥加密并发送至 A。

(7) A 对 B 的临时值进行响应, 并使用 B 的公钥对响应信息进行加密。

在这种交换的结尾, 每个参与者都拥有各自的公钥, 已互相证明它们能够使用这些私钥进行信息加密, 并可对各自进行推测性认证。实际上,

如果 A 和 B 都知道对方的公钥, 则服务器 S 就没有存在的必要了, 步骤
(3)、(6)、(7) 就可构成完整的协议。

4.2.2 协议的 Promela 模型

本质上, 如果不需要可信服务器, 协议交换将非常简单, 在 Promela
中, 这种情况如图 4-6 所示。在协议交换中, 发起者和响应者都标注为自
动控制进程, 其中还包含一个后文将讨论的模拟入侵者进程。图中未显示
的还有几处额外标签, 这些标签作为进程之间传送信息流的一部分, 用于
指明是哪个进程在发送或接收信息。简单检查图 4-6 中的代码可以看出用
通信信道表示的发起者的基本交换。Promela 根据 Hoare 的通信顺序进程
(CSP) 建模, 确定了在信道中通信的语法。每个信道在一个时刻只能发送
(表示为!) 或者接收 (表示为?)。从图中可见, 发起者发出它的加密临时值,
并接收自己的临时值和 B 的加密临时值, 同时还将 B 的临时值反送至 B。

如图 4-7 所示为入侵者代码, 假设入侵者进程能够侦听所有信息并能
够在正常信息流中插入信息。联合体做如下声明: "::" 后的语句是选项序

```
mtype = {A, B, I, Na, Nb, gD, R};
active  proctype A_initiator()
{       mtype g1;
        if
        :: party = B
        :: party = I
        fi;
        ca !   A, Na, A, party;
        ca ? A, Na, g1, A;
        cb ! A, g1, party
}
active  proctype B_responder ()
{       mtype g1, g2, g3;
        ca ? g1, g2, g3, B;
        ca ! g1, g2, Nb, g3;
        cb ? eval (g1), Nb, B
}
```

图 4-6　Needham-Schroeder 交换的 Promela 规范

```
active proctype I_intruder()
{
...
bit kNa, kNb;
bit k_Na_Nb__A ;          /* {Na, Nb}{PK(A)} */
bit k_Na_A__B ;           /* {Na, A}{PK(B)} */
bit k_Nb__B ;             /* {Nb}{PK(B)} */
mtype x1, x2, x3 ;

do
:: ca ! B, gD, A, B    :: ca ! B, gD, B, B
:: ca ! B, gD, I, B    :: ca ! B, A, A, B
:: ca ! B, A, B, B     :: ca ! B, A, I, B
:: ca ! B, B, A, B     :: ca ! B, B, B, B
:: ca ! B, B, I, B     :: ca ! B, I, A, B
:: ca ! B, I, B, B     :: ca ! B, I, I, B
:: ca ! (kNa -> A : R), Na, Na, A
:: ca ! (((kNa \&\& kNb) || k_Na_Nb__A) -> A : R), Na, Nb, A
:: ca ! (kNa -> A : R), Na, gD, A
:: ca ! (kNa -> A : R), Na, B, A
:: ca ! (kNa -> A : R), Na, I, A
:: ca ! ((kNa || k_Na_A__B) -> B : R), Na, A, B
:: ca ! (kNa -> B : R), Na, B, B
:: ca ! (kNa -> B : R), Na, I, B
:: ca ! (kNb -> B : R), Nb, A, B
:: ca ! (kNb -> B : R), Nb, B, B
:: ca ! (kNb -> B : R), Nb, I, B
:: cb ! ((k_Nb__B || kNb) -> B : R), Nb, B
:: ca ? _, x1, x2, x3;
        if
        :: (x3 == I) -> k(x1); k(x2)
        :: else -> k3(x1,x2,x3)
        fi;
::  cb ? _, x1, x2;
        if
        :: (x2 == I) -> k(x1)
        :: else -> k2(x1,x2)
        fi;
od
}
```

图 4-7　入侵者进程的 Promela 代码

列。当只有一个选项能被执行时，程序将执行该选项并随后开始再次循环。当所有选项均不可执行时，循环将暂停直至有其中一条选项可执行。如果可执行的选项超过一条时，程序将在其中进行公平选择。正是这最后一方面，它使得在不中断发起者与响应者之间正常信息流的情况下从某些点截取信息成为可能。在此示例中，"执行"是指信道允许被读取或已做好接受待传送信息的准备。

入侵者试图将自己插入其中, 进而了解交换的各方面信息。它还能够掌握交换的性质, 并拥有自己的公钥 ($PK(I)$) 与私钥 ($SK(I)$)。图 4-8 列出了入侵者从各种信息中能够获取的细项列表, 而入侵者需要掌握细项列表如图 4-9 所示。

Received message	Learned item
$\{Na, A\}PK(I)$	Na
$\{Na, A\}PK(B)$	$\{Na, A\}PK(B)$
$\{Na\}PK(I)$	Na
$\{Nb\}PK(I)$	Nb
$\{gD\}PK(I)$	-
$\{A\}PK(I)$	-
$\{B\}PK(I)$	-
$\{I\}PK(I)$	-
$\{Na\}PK(B)$	$\{Na\}PK(B)$
$\{Nb\}PK(B)$	$\{Nb\}PK(B)$
$\{gD\}PK(B)$	$\{gD\}PK(B)$
$\{A\}PK(B)$	$\{A\}PK(B)$
$\{B\}PK(B)$	$\{B\}PK(B)$
$\{I\}PK(B)$	$\{I\}PK(B)$
$\{Na, Nb\}PK(I)$	$Na\ Nb$
$\{Nb, Nb\}PK(I)$	Nb
$\{gD, Nb\}PK(I)$	Nb
$\{Na, Nb\}PK(A)$	$\{Na, Nb\}PK(A)$
$\{Nb, Nb\}PK(A)$	$\{Nb, Nb\}PK(A)$
$\{gD, Nb\}PK(A)$	$\{gD, Nb\}PK(A)$
$\{A, Nb\}PK(I)$	Nb
$\{B, Nb\}PK(I)$	Nb
$\{I, Nb\}PK(I)$	Nb
$\{A, Nb\}PK(A)$	$\{A, Nb\}PK(A)$
$\{B, Nb\}PK(A)$	$\{B, Nb\}PK(A)$
$\{I, Nb\}PK(A)$	$\{I, Nb\}PK(A)$

图 4-8 入侵者可学到的细项列表

在 Promela 中应用这一描述使得执行如下声明的验证成为可能: 当响应者 B 参与一个会话时, 该会话是由发起者 A 发起的而不是入侵者 I。Spin 验证此声明的方式是通过检查所有可能的程序轨迹状态空间中是

Message	Needed knowledge (besides initial knowledge)
{*Na, A*}*PK(B)*	*Na* or{*Na, A*}*PK(B)*
{*Na, B*}*PK(B)*	*Na* or{*Na, B*}*PK(B)*
{*Na, I*}*PK(B)*	*Na* or{*Na, I*}*PK(B)*
{*Nb, A*}*PK(B)*	*Nb* or{*Nb, A*}*PK(B)*
{*Nb, B*}*PK(B)*	*Nb* or{*Nb, B*}*PK(B)*
{*Nb, I*}*PK(B)*	*Nb* or{*Nb, I*}*PK(B)*
{*gD, A*}*PK(B)*	-
{*gD, B*}*PK(B)*	-
{*gD, I*}*PK(B)*	-
{*Na, A*}*PK(A)*	*Na* or{*Na, A*}*PK(A)*
{*Na, B*}*PK(A)*	*Na* or{*Na, B*}*PK(A)*
{*Na, I*}*PK(A)*	*Na* or{*Na, I*}*PK(A)*
{*A, A*}*PK(B)*	-
{*A, B*}*PK(B)*	-
{*A, I*}*PK(B)*	-
{*B, A*}*PK(B)*	-
{*B, B*}*PK(B)*	-
{*B, I*}*PK(B)*	-
{*I, A*}*PK(B)*	-
{*I, B*}*PK(B)*	-
{*I, I*}*PK(B)*	-
{*Nb*}*PK(B)*	*Nb* or{*Nb*}*PK(B)*
{*Na, Na*}*PK(A)*	*Na* or{*Na Na*}*PK(A)*
{*Na, Nb*}*PK(A)*	(*Na* or *Nb*) or {*Na Nb*}*PK(A)*
{*Na, gD*}*PK(A)*	*Na* or{*Na gD*}*PK(A)*

图 4-9　入侵者需要掌握的细项列表

否存在违例的情况，如果存在则明显地说明上述声明是错误的。正确性需求的描述是线性时间逻辑的，之后被转换成可被运行时 Promela 描述检测出来的准则。

　　运行 Spin 产生的输出结果如图 4-10 所示。Spin 分析器迅速找到了一条轨迹，该轨迹中发起者最终建立会话的对象是攻击者非响应者。此外，Spin 还给出了导致这一违例的轨迹的细节信息。这一示例中的交互如图 4-11 所示。如其所述，该协议的问题在于，很容易被"中间人"攻击。在中间部分，入侵者可伪装成响应者 B 和发起者 A。此问题早在 Lowe 的文章[13] 中就曾被提及，但在这里我们是通过计算分析方法确定的。其计算

```
spin -a needham_orig.pml
cc -O2 -o pan pan.c
./pan -a
pan:1: claim violated! (at depth 30)
pan: wrote needham_orig.pml.trail

(Spin Version 5.2.5 -- 11 June 2010)
Warning: Search not completed
        + Partial Order Reduction

Full statespace search for:
        never claim             +
        assertion violations    + (if within scope of claim)
        acceptance   cycles     + (fairness disabled)
        invalid end states      - (disabled by never claim)

State-vector 60 byte, depth reached 31, errors: 1
      282 states, stored
      632 states, matched
      914 transitions (= stored+matched)
     1570 atomic steps
hash conflicts:         0 (resolved)

    2.501      memory usage (Mbyte)


pan: elapsed time 0.031 seconds
pan: rate 9096.7742 states/second
```

图 4-10　Needham-Schroeder 协议 Promela 规范的 Spin 查证分析输出

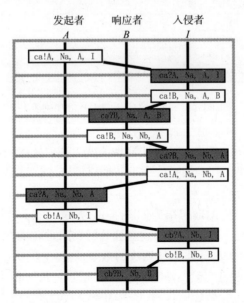

图 4-11　导致 Needham-Schroeder 协议无效的一种信息交互图

算法可通过多种途径确定, 但其中最主要的吸引点是利用 "对抗性" 工具分析重要安全组件。

关于上述例子的争论有许多, 其中主要的论点是此例子过于简单, 并未反映当前的实际情况。但实际上, 这种如此简单的交互过程是其他更复杂协议的基础。以协议 CCITT X.509 为例, 考虑其双向认证和保密性。利用此协议可建立会话密钥。这种想法非常简单, 有两个进程想互相进行认证以便进行信息交换, 如图 4-12 的协议图表所示。此处, 我们仍假设存在一个发起者 A、一个响应者 B 和一个入侵者 C, 协议只有三条信息。图中, T_a 和 T_b 为时间戳, N_a 和 N_b 为临时值, X_a、X_b、Y_a、Y_b 均为用户数据, 并且仍使用公钥加密体制实现数据加密和签名, 以 K_a、K_b^{-1} 表示 A 的公钥与私钥, 用户 B 的类推。

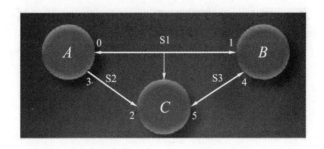

图 4-12　CCITT X.509 协议交换

如 Josang 在文献 [11] 中所讨论的, 上述协议也易受重放或 "中间人" 攻击。同样地, 入侵者 C 可再次设法使 B 相信它在与 A 对话, 因此协议认证方面是违规的。此处的问题在于用户并未对随机数进行检查, 这导致重复一个旧的随机数也可正常执行。如果对更多的信息进行加密, 则有可能避免这一问题。但在协议发起多个会话时这一问题会更加严重。

由 Holzmann 构建的对此协议的一种规范如下: 某用户可询问例如当前用于两个会话的信息交换次数是否正确 (本例为 6 个交换)。关于 Promela 规范的查证表明, 入侵者能够成功伪装为用户中的一员, 但当交换正常进行时, 交换次数超出了预期值 6, 而这可以被检测到。图 4-13 给出了一个可表明上述例子的信息集合, 并且我们发现这些信息集合可作为搜索进程的一部分。

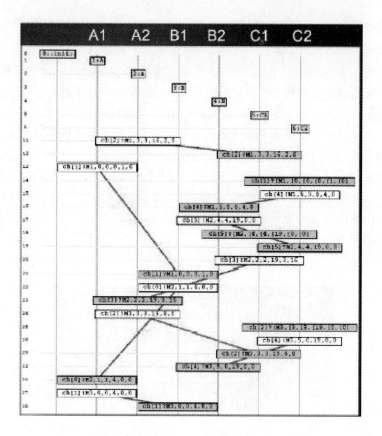

图 4-13 存在认证违例的多会话 CCITT X.509 交换协议中的 Spin 轨迹

4.3 尺度问题

Spin 利用线性时间逻辑的概念来描述需要证明或反驳的属性类型。在线性时间逻辑中写入的每个声明都能够转化成一种自动机或有限状态机，只接受满足逻辑约束的命令执行。为检验某个属性，首先要指定系统与相应语言 (即此系统可生成的运行程序集)，然后定义该属性自动机的语言。为了证明系统满足属性要求，还希望该待检验属性的语言集中包含系统语言的所有要素。上述内容也可表述为：系统语言集与属性语言补集的交集是空集。若此交集为空，一般需要一个搜索程序来排除所有可能性。然而，若属性不成立则仅需存在一个反例即可。

由此可见, 最差情况下, 用于验证任何类型正确属性的计算花销与模型所有状态数目成正比。Holzmann 作了如下数量级的估计, 设并发成分 (进程) 数为 n, 它们访问的数据对象数为 m, 若进程 i 有 T_i 个控制状态, 且第 j 个数据对象对应的可能值数目为 D_j, 则在最坏的情况下, 模型状态总数为

$$\prod_{i=1}^{n} T_i \prod_{j=1}^{m} D_j \tag{4-1}$$

可见, 状态空间随并发成分与数据对象的数目呈指数增长。

以一个信息缓存的运行为例, 设缓存数为 q, 每个缓存中可存储的最大信息数为 s, 信息类型数为 m, 则状态总数为

$$R = \left[\sum_{i=0}^{s} m^i \right]^q \tag{4-2}$$

图 4-14 给出了式 (4-1) 和式 (4-2) 的图形表示, 由图可见, 当每个缓存中的信息数与缓存数一定时, 随着信息类型数的增加, 算法计算量按几

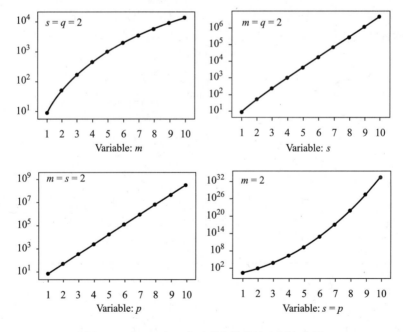

图 4-14　Spin 中一个通道集的缩放比例变化图

何规律增长。如果信息类型数与缓存数保持不变，则算法计算量随每个缓存中的信息数呈指数规律变化。但是，如果同时增加信息数与缓存数且信息类型数保持不变，则算法计算量会按两倍指数规律增长，而需检测的状态总数将达到一个天文数字。

因此，使用模型检测器是一个非常明智的选择。Holzmann 讨论了在模型结构中进行提取与约束，从而有效控制搜索空间尺寸的必要性。即使如此，复杂算法仍然会导致一个非常庞大的搜索空间。

为解决这一问题，人们提出多种方法并取得了一定效果。其中一种方法是在轨迹分类中采用均等赋值。例如，限幅方法试图去除冗余数据或按优化编译器工作原理来控制结构。偏序简化也是一种用于确定空间中多余无用搜索的方法，适用于两个进程的执行结果与它们执行顺序不相关的情况。这些最优化方法可使状态空间按指数规律缩减。

另一个明智的方法是采用一种有损压缩方法避免访问已出现过的状态。若每个状态都存入状态空间的话将导致空间异常巨大。如果每个状态描述符占 1 KB 的存储容量，则 32 GB 存储器可存储大约 10^7 个状态。在许多情况下需要避免重复访问已出现过的状态，为了实现快速查寻，Holzmann 采用了 Bloom 过滤技术。Bloom 过滤器对于确定某一状态是否出现过非常有效。每个状态哈希映射 N 次，如果表格中包含了某一状态，则说明该状态曾出现过。如果某一状态从未出现过，则将哈希 (hash) 填入表格。随着编码状态的哈希数的增加，哈希碰撞 (即某状态未曾出现却被对应到表格中已存在的一个编码) 的概率以指数规律降低。因此，在允许发生偶然性错误的情况下，这种方法为研究如何应对大数据量问题提供了有效的解决途径。

总之，搜索程序本质上是困难的并行计算过程，因而应用计算集群成为理想方法。本文的想法是利用 DoD 在高性能计算方面的先天优势，检测功能更复杂的程序代码。在模型检验的普遍常识中，只有非常小的代码核心才可以使用这种方法进行检验，但如果采用前面讨论的一些方法，则检测某些比较复杂的代码可能也是可行的。例如，本文简单介绍了将 Spin 应用于检验由 Honeywell 最初开发的实时操作系统 DEOS。DEOS 已广泛应用于各种嵌入式系统，它包含大约 2200 万个需要详细研究的状态，每个状态占用 584 个字节空间。进行无遗漏搜索时需要 13 GB 存储容量，但若使用 100 个并行处理器，且采用状态空间随机搜索方式，则每个处理进程仅需要 8 MB 的空间，并能够实现状态空间 100%的计算覆盖。

4.4 代码提取模型

前文既然已经列举了该方法的能力, 很自然地就会问到: 是否可以将程序代码不做任何修改, 直接移植到 Spin 验证中。一般来讲, 这通常需要分析者辅助将验证需求抽象出来。Holzmann 曾提到过一个非常有趣的例子, 是关于将华氏温度转换成摄氏温度的 C 语言程序代码 (作者是 Kernighan 和 Ritchie) 的检验尝试, 该程序源代码如图 4-15 所示。

```c
#include <stdio .h>
 int main (void) {
    int lower, upper, step;
    float fahr, celsius;

    lower = 0;
    upper = 300;
    step = 20;

    fahr = lower;
    while (fahr <= upper) {
      celsius = (5.0/9.0) * (fahr -32.0);
      printf (... stuff ...);
      fahr = fahr + step;
    }
}
```

图 4-15　华氏温度转换成摄氏温度的 C 语言程序代码

在转换这段简单的代码时有几点需要注意。首先, Promela 中没有浮点数据类型, 也不支持 while 循环。不过, 控制结构还是能够复制到 Promela 中, 并可直接从编译器的解析树信息中获取。但这还不够, 正如一般的程序代码一样, C 语言中的声明可灵活处理数据对象, 而 Promela 中这种操作不会自然完成。为了扩展这一功能, 可以将 C 语言代码直接嵌入到检验器中, 并使其被检验器信任。实际上, 当使用 Spin 进行检验时, 检验器会根据 Promela 提供的描述生成一个 C 语言程序, 因此向编译器提供额外的可被正确解释的代码是没有任何问题的。当然, 这其中可能仍然存在许多困难, 但至少理解这段受信任代码做了哪些假设并不困难。上述过程大部分都可在软件 MODEX 中自动执行[8]，软件 MODEX (模型提取器) 可引导用户从普通代码中生成相应模型。由于这一过程首先假设了嵌入的 C 语言代码是可信的，因此当程序本身存在缺陷时，这个过程就将潜藏着多种问题。一种解决方案 (这种方法工作量较大) 是在 Promela 代码中使用嵌入式声明，允许在一些前提条件被验证的情况下执行受信任代码。例如，这种方法可以检测一般性错误，比如废弃的空指针或程序允许数组操作跳出边界进而导致缓存溢出。这些检测中的一部分也许能够采用自动化方式实现。

4.5 与 hyper-properties 的关系

作为前文讨论的方法类型的概括，Fred. Schneider 教授简要分析了如何将 hyper-properties 这一新概念应用于安全事项描述的问题。尤其是对于一个给定的计算系统，安全策略可表示为一系列术语: 机密性 (用户无法获取或处理未经授权的数据)、完整性 (数据与计算无法通过某些非确定手段进行更改)、有效性 (系统能够及时响应命令)。然而，Schneider 曾指出，很难给出上述这些术语的准确定义。例如，对于这些概念而言，无交集的要求并不是必需的，并且它们通常无法构成描述安全策略的基础。最后，在目前的情况下，对其的检验是很难的。Lamport 在这一方面贡献巨大[12]，他表述了前文提到的安全度与活跃度的概念。结合线性时间逻辑的概念，正如前文曾简要讨论过的，我们或许能够对这些术语进行精确描述，并利用 Spin 这样的程序对它们在安全度与活跃度命题方面进行证明。

Schneider 已将属性检验的概念推广到更复杂的策略检验概念上，他指出: 安全策略不是属性，而是依赖于可能由系统不同用户发起的执行轨迹的集合。例如，无干扰的概念定义为: 在无干扰情况下，特权用户的命令应该不影响无特权用户的观察，而这种无干扰的想法本身就不是一个安全属性，然而，它却是执行轨迹中的一种联系，并是一种在脉络上与前文讨论的关于 Needham-Schroeder 鉴定协议问题相类似的需求。Schneider 将这种轨迹集合定义为 hyper-properties，并指出可以利用这种 hyper-properties 以一种逻辑完全性的方式描述安全策略。

这种方法是有用的，它提供了一种通用语言，不仅能够推论程序性质，还可用于推论系统执行与安全策略增强的情况。虽然它未能解决证明这些属性或 hyper-properties 时的本质复杂性问题，甚至还导致搜索空间变大，但它奠定了引导未来发展的基础，而这正是目前迫切需要的。

总之，前文的讨论虽然还远未完善，但它指出了一种网络电磁安全与其基础科学之间的关系，而网络电磁安全和其中的基础科学又均与模型检验中的基本问题有关。分析网络电磁安全问题，看起来并不存在万能的解决方法，但是从一定程度上来讲，其基础和解决特定问题的方法论在计算机科学领域中确实存在。这其中仍然缺少的是与与日常编程练习相关的更直接联系。随着在网络电磁安全体系检查方面了解得越多，把这些新技术转化成编写软件的工具的需求越迫切。相应地，这个在编软件必须不断地得到前文描述的诸多技术的检验。这种方式虽然无法彻底解决问题，但却能够改进当前的实践状态。

第 5 章

免疫系统模拟

很久以来，我们就已经意识到，保护计算机及其网络免遭意外侵害而导致被强行接管的问题，在某种程度上与人体免疫系统类似，免疫系统保护着我们的细胞、组织、器官以及肌体不受病菌的侵害。本节探索这种类比，并将其推广到网络电磁安全领域的工作。正如我们将看到的，这种类比远不够完美，但是迄今为止我们已经学到了很多重要知识和概念，这些都有助于指导未来工作。

5.1 生物学基础

免疫系统的研究是一次巨大的科学尝试，它在人类免疫反应构成、逻辑通信及其相应的计算网络等方面形成了一系列宝贵的知识财富。在这里对整个免疫学进行总体回顾是不太可能的，所以本文只是解释可能与研究网络电磁安全相关的片段。从最低层面上讲，免疫反应是针对预先确定了的目标集而产生的反应。通常，负责产生这部分反应的组织统称为先天性免疫系统。先天性免疫系统在进化方面是缓慢的，它们只对固定的病菌群做出反应。至少对于高等动物来说，这一系列的免疫反应应该是不够的。

比先天性免疫系统更高一层次的是适应性免疫系统，其中发挥作用的主要是以 B 细胞和 T 细胞为代表的淋巴细胞，这两种细胞分别由几种亚型组成。淋巴细胞主要根据病菌的物理形态或它们特殊的肽键排列顺序等特征来识别发现病菌，其工作的最基本机制是克隆选择。细胞是由一种极其复杂的随机遗传图谱创造的，并附带很多种不同的探测器。最初的 B 细胞、T 细胞是单纯的，且保持到发现与特定模式探测器相匹配的时候 (对于 B 细胞是表面抗原, 对于 T 细胞是一段短的肽键序列)。一旦探测到了这种模式, 淋巴细胞就被激活 (也可能由其他信号激活, 见下文相关叙述), 紧接着就是大规模增殖以对抗病菌入侵, 或者被作为记忆细胞保留下来, 以记录这种特殊病菌的信息供未来长期使用。被激活的细胞相对来说寿命都比较短, 因此一旦不再发现病菌, 大规模的免疫反应就会迅速消失。

不同于先天性免疫系统, 适应性免疫系统的工作并不依赖固定的病菌形式。因此, 关键问题在于如何保证它不将人体本身的细胞和肽键误认为外来入侵者。为了做到这一点, 未成熟的 T 细胞需要经历一个测试阶段, 期间它们将尝试绑定在显性的本体肽键上。绑定过紧的细胞会被废弃, 并在 T 细胞的本能记录表中记住这个负面自我形象。这一过程之所以能够进行, 是因为本体肽键一般不会随时间变化而变化, 一个现在获授权的 T 细胞将来仍然会被授权, 并不会引起自体免疫疾病发生。正如下文即将讨论的, 这一点正是网络电磁问题所面临的更复杂的诸多难点之一。

根据前文讨论内容, 实际上是引用简要生物学 101 简介中的免疫系统内容, 读者可能会产生一种印象, 个体的淋巴细胞工作起来就像独立的岗哨一样, 每个细胞都守卫着它自己随机分配到的大门。实际上, 细胞与细胞之间存在着大量的联系, 使得更多的同类个体组成了一个整体的防御网络。例如, 众所周知的作为协助细胞的 T 细胞类就参与到了激活 B 细胞以及把部分 B 细胞转换成活动的分泌抗体的过程当中 (抗体能够直接黏着在抗原上, 对其标记以进行破坏)。只靠 B 细胞来探测病菌是不够的, 还必须同时有 T 细胞发起类似探测。顺便说一句, 这也是为什么只对 T 细胞进行挑选 (去除绑定本体肽键过于紧密的 T 细胞) 而没有对 B 细胞进行类似筛选。这可能就是一种用于组合不同类型病菌信息或产生更敏锐反应门限的机制, 或者二者兼有。一些细胞间的信息交互是通过直接接触来完成, 另一些则依赖于分泌物和后续大量化学交流介质 (细胞活素) 的检测。其中甚至存在着一种关于抗体如何协调的非常复杂的逻辑问题 (个体遗传型抗体网络)。我们距离准确地知道这样一个系统如何运行还差得很远, 而且对这些更高层策略背后的运行逻辑的理解也远远不够。

总之, 免疫系统抵御着各种不同类型病菌的入侵, 包括病毒、细菌和真核细胞寄生体等。这些敌人通常是按照正常发展过程发生改变, 其速度由达尔文进化论决定, 而不存在有意识的计划。在一般情况下, 进化是非常缓慢的, 因此在一个人的全部生命周期内, 依靠免疫记忆能够阻止这些病菌获得入侵的起始立足点。当然, 对于某些病毒 (如流感), 其变异速度很快, 导致免疫记忆仅能发挥部分作用。然而即使这样, 这些新变异体也不会影响用于防卫它们前辈的直接免疫反应。

当然, 免疫系统的目的是保护整个机体。在它的战斗中, 单个细胞通常是消耗品。即使在脑部 (准确点来说, 我们应该指出整个免疫的角色都是由微神经胶质来担任的), 单个细胞并不一定都是那么重要, 这对于其他所有器官来说也都是成立的。因此, 杀手 T 细胞的任务是毁灭那些有证据证明的已被病毒感染或内部被寄生了的细胞。有趣的是, 当我们沿着进化轨迹向前追溯到无脊椎动物的先天反应时, 单个细胞却变得更加重要而不可或缺。这里最终的极限是线虫, 它体内的所有细胞都有固定的角色, 而这些角色无法由其他细胞担任。需要注意的是, 并没有已知的线虫病毒, 而产生这种现象的原因和此事是否相关我们还不能确定。

甚至从更宏观的角度来讲, 即使生物体也并非是不可侵犯的。人类种群常常会表现出显著的基因多样性, 以便在发生依赖于某种特定的生化细节的袭击时能够更好的存活下来。与这样的事实相关的一个例子是: 某种特定的 T 细胞表面受体蛋白质的基因多样性使得某些个体相对来说对 HIV 病毒免疫。可以假设一个史前版本的 HIV 故事, 那时缺乏医疗知识, 致使所有个体毫无意外地死于碰巧没有免疫的疾病。免疫系统可以自主利用自身一些重要成分的多样性, 例如, 用于向 T 细胞受体显示肽键序列的 MHC 蛋白质在不同人之间有着显著的差异。

5.2　从类推中学习

通过与免疫学的类比, 我们能够学到哪些关于网络电磁安全的设计策略与研究协议方面的知识? Forrest[17] 与她的同事已经对这个问题作了最充分的论述, 而且她也曾在我们研究期间向我们做了简要介绍。下文讨论的内容将重点介绍许多不同的问题, 只要我们不把这种类比推广到过于细致的程度, 总的来看, 这对于我们获得一般意义上的指导是非常有用的。在更深入的层面上, 重要的技术差异使得仅仅靠模仿生物系统已变得不那么可行。

5.2.1　对于自适应响应的需求

正如上文提到的, 如果仅依靠针对固定病菌的免疫反应, 高等动物是无法存活的。然而非常不幸地是, 这似乎是市面上许多商业病毒防护软件正在使用的方法。这些软件关注的是已知的病毒代码、可疑 IP 地址以及其他特定的网络渗透特征。这样的方法不可能跟得上快速变化的攻击威胁，而且事实上一些恶意软件的写手会利用这些软件来测试自己的病毒代码，保证它们不会被这些采用固定配置的软件检测到。

从最抽象的层面看，对免疫系统的研究告诉我们：网络电磁安全的解决方案必须具有自适应性，包含学习算法和灵活的记忆机制。这一论点使我们相信，在对脆弱性和活跃度准确定义的基础上得到的适用解决方案无法简单地转换成可量化的安全度与可证实的代码。对我们而言，计算机系统过于复杂、交互性过强，因此想使其避免瘫痪并不能像在生存问题上来得那么容易。

从对资源的需求角度看，适应性解决方案过于消耗资源。淋巴细胞虽然仅占人体细胞总量的 1% 左右，但它们却承担着免疫防御的大部分任务。因此，对于一个典型的计算机网络或计算集群，维持网络电磁安全的运行需要非常庞大的计算能力，然而，增加的这部分计算能力可以为 DoD 发挥效益。

5.2.2　感知形态的混合

目前，网络电磁安全方面的文献好像都关注于使用一种感知形态来检测和/或阻止异常的行为。因而，有论文分别关注基于流量分析的网络入侵探测器，关注使用系统调用顺序来检测非法用户行为，以及关注高级代码的多元化低级执行等。免疫系统启发我们：并发协同地使用全部策略很重要。病菌可以触发细胞内或者细胞外的信号（或者二者兼有），免疫系统则利用先天性和适应性方法，并使用全部的专业化硬件来寻找这两种信号。人们总是希望有网络电磁领域的灵丹妙药，但是即便现在已经找到了一个单一的极其简单的策略，免疫系统仍然运行得相当良好。学习是必要的，但是并不是必须限制在生物模拟的范畴。任何适应性系统的核心都是学习算法，它能够辨别合法行为和非法行为，即便在系统设计的时候不能够先验地确定这些知识。正如前文提到的，免疫系统使用的是基于否定选择的策略。这个特定的观点已经在一个网络电磁系统中作为一个"信息免疫系统"应用到了内存的每个字节。这种策略如图 5-1 所示，圆圈代表着检测器，围绕着字母"X"周围产生，而在蓝色的合法区域内这些检测器被取消，因而在相应区域内的字母"X"周围并没有圆圈包围。

总体来说，我们看不出免疫学习系统的这些特性可以接管网络电磁安全的原因。目前有很多机器学习的范例，而且有些可能更适合于解决手头的问题,这需要我们采用系统化的实验计划进行研究。这个领域中需要做的工作确实非常多,需要对一些特定的数据集合进行某种特定算法的测试。但在某种程度上,对于我们理解什么是有效的,在什么时候有效和为什么有效等问题,这些案例研究似乎并不能提供任何普遍意义上的深刻见解,也不能提供概念性的框架。

5.2.3 可控实验的需求

有一种方法有助于这个领域巩固从单次实验中获得的经验,就是使不同研究工作都在具有固定数据集的相同环境条件下进行。这是一项非常严峻的挑战,正如 Forrest 所陈述的那样:

"现代计算环境的复杂性对复制实验结果和比对多次实验提出了严峻的挑战。要对实验运行的条件进行准确地描述极其困难,并且在系统配置上看起来很微小的区别可能导致结果发生戏剧性的变化。"

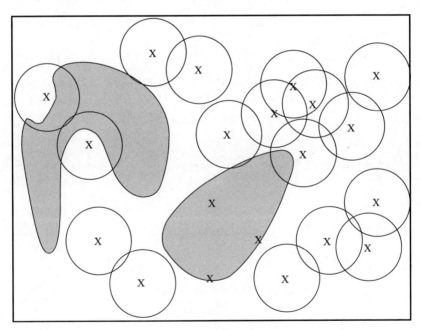

图 5-1 免疫系统示意图

至于实验学科工作进展不大的其他原因,与威胁的快速进化、计算机系统的飞速发展等因素密切相关。因此,测试一个运行在旧平台上的安全系统抵御去年的一个恶意软件是没有意义的。如果非要探求安全选择的科学基础的话, 必须解决这种在理解旧的问题之前就已面临新问题的局面。更普遍的, 现代生物学, 包括免疫学, 在设计可重复性实验的限制条件时也面临着相似的挑战。针对这一问题, 人们想出了多种方法, 如在体外试管、典型生物 (例如老鼠) 上进行相关实验, 然后将实验结果与少量的受控数据联系起来, 以解决人们实际感兴趣的问题 (人类医学)。若将这些理念转换到网络电磁安全领域, 则意味着我们能够在可控平台上利用共享数据进行一系列小规模混合实验, 并可能利用一些专门的测试床, 使得能够在相同的系统配置下获取更大规模的实验结果。有观点认为在测试床上进行的实验有些 "牵强", 而且并不能直接转化为有价值的工程解决方案, 这种看法在绝对意义上是正确的, 但我们的目标是提升概念上的理解, 并不是建立一种可以在市场出售的解决方案。最终, 这种实验的结果将与实际系统的行为相关联, 就像现代医药系统的方式一样: 将临床数据与生物实验结果进行比对。

5.2.4　时间尺度上的区别

在使用基于免疫系统模拟的解决方案时, 存在一个重要问题, 牵涉到两个问题之间时间尺度的区别。在网络电磁安全方面, 一部计算机系统的使用方式在其寿命期间内会发生显著变化, 并且计算机网络在规模与连接方式方面也会发生改变。这就意味着我们所了解的判断合法行为的方法也必须允许发生变化。因此需要找到一种允许在慢速时间尺度上变化的方法, 并且该方法仍然能够检测看起来像系统突然变化的异常行为。唯一能与此困难类比的免疫系统是人类与体内微生物的关系, 对于生存在人类内脏中与人类共生的微生物, 人类必须对其表现得相对不敏感, 而这种不敏感度的掌握需要在人出生的时候就完成并且伴随一生, 类似于精密的内在生物群系随时间的改变。目前我们还不清楚这一过程到底是如何完成的。

在对抗的另一面, 恶意软件作者能够极其迅速地适应一种新的防御策略, 这种有目的的行为与依靠进化来规避免疫系统完全不同。这意味着, 例如, 公开揭示现有安全系统确切的内部运行情况变得没有什么意义。这基本上是一个要用红队方法来调查的实验性问题, 以找出哪种检测策略与学习算法对主动的反防御措施最不敏感。

5.2.5　对于检测的响应

除了检测病菌, 免疫系统还能抑制感染。它使用一种门限阈值方法来实现, 利用细胞间的通信系统做出 "智能" 决策, 用以确定何时增殖特定的攻击因子, 何时发起警报 (即发炎), 以及何时恢复正常。这种策略的一部分是基于 "杀死单个细胞对整个机体功能来说代价并不高" 这一事实, 只要系统确认该细胞确实表现出已被外来因子接管的迹象。为了避免自体免疫问题, 系统设置了非常低的容错率, 而代价则是允许小规模感染无法被检测。

目前我们所处的时代并不认为网络中的个人计算机是完全的消耗品, 更确切地说应该是一个集群里的单个处理器。可能当我们向云计算方式发展的话, 这种状况会得到改善, 正确的检测响应将是仅仅关闭违规计算机, 直到它被清理干净。我们按照这种思路依此类推, 仅在超过阈值时才采取严厉措施, 不难想象, 那时恶意软件也会共同进化, 以表现得更加无害。换句话说, 网络电磁安全成果的最终状态可能是非法控制仍然会发生, 但感染产生的可测量效果非常微弱, 而计算机仍然可以运行对于 "僵尸主人" 有用的任务。将上述问题进一步扩展, 哪个用户在他们的个人系统被操纵用来偶尔发送垃圾邮件的情况下, 愿意将其从网络中断开, 这是一个有趣的社会学问题, 已经超越了我们这里讨论的范畴。

5.2.6 最终观点

多样性是针对某些攻击较有效的防御方式, 这一观点已在网络电磁安全领域中得到贯彻, 能否推而广之看作一种成功的策略, 则取决于设定的目标。如果我们试图保护大部分计算机不受某几类特定恶意软件的侵害, 这显然是能够实现的。而如果我们想让网络杜绝僵尸网络发出的垃圾邮件的影响, 事实上就是说, 只要有 1%的计算机还会受到攻击, 那么就说明我们已经失败了。

总之, 免疫系统是有帮助的, 正如我们已成功将卫生学变成社会契约的一部分。就像广为流传的俏皮话一样, 在上个世纪中, 水管工人对于公共健康的贡献比医生还要大。我们会故意躲避那些上完厕所不洗手的人, 在公共场所打喷嚏不遮口的人, 还有得了流感却不自觉待在家里的人。可能最终我们学到的是, 应该逐渐在全社会形成风气, 抵制不良安全习惯, 例如: 即使计算机已经被用于发送垃圾邮件、或者使用了易被破解的密码、或者从陌生网站下载了程序, 但仍将其连接到网络中的行为。在某种意义上, 如今我们正在尝试向这个方向努力, 但是从医学角度来看, 疾病显然不会因为我们尝试实践卫生学而做出反应, 变异成更有恶意的东西。

第 6 章

结论与建议

　　网络电磁安全是一门科学, 而且是对抗的科学, 因此它现在甚至将来都会使用多种不同的工具和方法。今后, 远至我们可了解到的未来, 将会出现许多针对旧技术的新攻击手段, 也会出现许多需要保护的新技术。

　　根据报告中的实验结果和实用性来看, 这门科学还不成熟。研究团队似乎还未找到一种普遍公认的方法来描述根据实践经验得到的研究成果, 以便人们能重复验证研究工作并应用其结果。

　　在网络电磁安全研究与发展方面, 目前已经公开了很多研究报告。网站 http://www.cyber.st.dhs.gov/documents.html 中有一个很好的清单。目前业界达成的一致意见是在这方面还需要开展更多的研究工作, 没有人认为现在所了解的已经足够多, 所需要的只是应用好现有知识。网络电磁安全问题看来是可以控制的, 但实际上, 它不仅难以完全解决, 而且目前还未有一致意见认为这一问题已被很好地控制住了。

　　在题为 "网络电磁安全技术倡议书" 的 IDA 报告中, 我们签署了提交给赞助商的建议书, 建议在大学和其他研究机构中设立多个网络电磁安全科学中心和研究项目。这些研究计划应该是长期的, 而且应该定期地对完成情况进行回顾检查。

　　DoD 赞助成立的研究中心和研究计划有一些颇具吸引力的特点。首先, 他们使赞助人可以接触到最佳的理念和最优秀的人。在这一领域, 无论知识结构还是实践行为都快速变化, 拥有良好的私交尤为重要。其次, 它为赞助人提供了机会去支持开展工作, 以反映他们对公共问题的看法。第三, 为这些中心和计划提供了机会去收集汇总 DoD 的内部资源, 其中包括内部运行网络的防御数据和经验, 目前推测是运行在网络电磁司令部的宙斯盾防御系统下。这有些类似 NSA 的信息安全保障计划的协同效果，DARPA 也有专门的短期研究项目。报告建议设立的研究中心和 DARPA 的研究项目的区别在于研究中心将在一系列广泛的课题方面持续取得稳定的进展，而不是将其限制在产生革命性的思想或者试图解决最近出现的网络电磁安全危机等方面。

此外，这些中心还可作为联系软件厂商的枢纽，以加快推进新思想 (甚至包括旧思想) 转化为研发人员能方便使用的有效工具的步伐。我们相信同样也需要一个协同计划来在更大范围内推广研究团体的科研成果，以往在这方面的工作并不令人鼓舞。有一些非常复杂的方法 (模型检验、类型检验等，如前所述) 可以用于评估和推断当前系统的安全性，但它们不能以开发人员实用工具的形式得到大范围应用。可能并不存在充足的市场支持私人开发此类工具，这就要求 DoD 在支持未来研发中扮演更积极的角色。

A. 附录: 作者 (BRIEFERS)

作者	单位	演讲标题
Steven King	DoD OSD	Cyber-Security: Is Science Possible?
Fred Schneider	Cornell University	Towards a Science of Security
John McLean	Naval Research Laboratory	The Science of Security - A Formal Perspective
Stephanie Forrest	Univ. New Mexico	Bridging CS and Biology for Cyber-Security
Grant Wagner	NSA	NSA Perspective: Application of SOS
Bob Meushaw	NSA	NSA Perspectives on the Science of Security
Kamal Jabbour	AFOSR	The Current Threat
Ron Rivest	MIT	Science of Security: Perspectives from Cryptography
Drew Dean	DARPA	
John Mitchell	Stanford Univ.	Security Modeling and Analysis
Jeff Shamma	Georgia Tech	Science of Security and Game Theory
Carl Landwehr	NSF	Science of Security: From Engineering to Science
John Manferdelli	Microsoft Research	Science of Security: Practice in the Information Marketplace
Milo Martin	Univ. of Pennsylvania	Science of Security: A Hardware Persepctive
Gerard Holzmann	Jet Propulsion lab	Protocol Analysis and Model Checking
John Chuang	UC Berkeley	Economics of Information Security
Roy Maxion	Carnegie Mellon Univ.	Experimentation in Cyber Security
Stefan Savage	UC San Diego	Computer Security: Science, Engineering, Economics, and a Bit of Reality
Peter Galison	Harvard Univ.	Augustinean and Manichaean Science

参考文献

[1] Akhawe, D.; Barth, A; Lam, P. others, Towards a formal foundation of web security. *Proc. 23rd IEEE Computer Security Foundations Symposium*, 2010.

[2] Alpcan, T; Bas,ar, T. Network Security: A Decision and Game Theoretic Approach. Cambridge University Press, 2011.

[3] Bessey, Al; Block, Ken. et al., A few billion lines of code later: Using static analysis to find bugs in the real world. how coverity built a bug-finding tool, and a business, around the unlimited supply of bugs in software systems.Communications of the ACM,53, 2010.

[4] Leventa, Buttyan; Jean-Pierre, Hubaux; Security and Cooperation in Wireless. Networks. Cambridge University Press, 2007.

[5] Michael, R.; Fred, Clarkson; Schneider, B. Hyperproperties. In CSF 2008: 21ST IEEE COMPUTER SECURITY FOUNDATIONS SYMPOSIUM, PROCEEDINGS, pages 51-65. IEEE COMPUTER SOC, 2008. 21st IEEE-Computer-Securituy-Foundation Conference, Pittsburgh, PA, JUN 23-25, 2008.

[6] Erlingsson, Ulfar; Low-level software security: Attacks and defenses. Springer Verlag, 2007.

[7] Stephanie Forrest, Binding cs and biology for cybersecurity, presentation to JASON.

[8] Holzmann, G.; Smith, M. Extracting verification models from source code. In Formal methods for protocol Engineering and distributed systems, pages 481 497, 1999.

[9] Gerard Holzmann, Protocol analysis and model checking, presentation to JASON.

[10] Gerard J. Holzmann, The SPIN Model Checker: Primer and Reference Manual. Addison-Wesley Professional, 2003.

[11] Audun Josang, Security protocol using spin. Proc. TACAS96, LNCS, 1996.

[12] Lamport, L.; Proving correctness of multi-process programs. IEEE transactions on software engineering, 3(2):125 143, 1977.

[13] Lowe, G.; Breaking and fixing the needham-schroeder public-key protocol using fdr. Proc. TACAS96, LNCS, 1996.

[14] Maggi, P.; Sisto, R. Using spin to verify security properties of cryptographic protocols. Proc. 9'th Spin Workshop, LNCS, 2002.

[15] Manin, Yu. I. A course in mathematical logic. Springer, 1977.

[16] Needham, RM.; Schroeder, MD. Using encryption for authentication in large networks of computers. Commun. ACM, 21, 1978.

[17] Ron Rivest, Presentation to JASON.

[18] Donald, E. Stokes. Pasteur's Quadrant. Brookings Institution, 1997.

[19] Alan Gibbard and Hal R. Varian, What Use Are Economic Models, Journal of Philosophy, 1978.

[20] Wikipedia. wikipedia.org/wiki/Address\fispace\filayout\ firandomization.

第二篇　网络电磁安全研究路线图

美国国家安全局

执 行 概 要

美国正处在一个需要做出重要抉择的时刻。我们必须保卫我们现有系统和网络,同时,努力甩脱我们的对手,确保能够运用未来科技更好地保护我们的关键基础设施并积极应对对手的攻击。"系统"一词广义上包含了系统的系统和网络。

网络电磁安全研究路线图试图拟定一个国家研发日程,确保我们能领先于我们的对手,产生可以在未来保护我们的信息系统和网络系统的技术。本文对研究、发展、测试、评估以及其他需考虑的生命周期阶段都将有深刻的论述 —— 从对个体及其信息的安全防护技术到针对信息基础设施的鲁棒性技术。本路线图提出的研发方面的投资必须解决当前面临的网络电磁安全漏洞并能充分考虑到未来的发展情况。

本篇试图为网络电磁安全中的 11 个相关难题提供详细的研发日程,供美国政府或其他可能为研究提供资助的机构使用。这 11 个难题是:

(1) 可扩展的可信系统 (包括系统体系结构和必要的开发方法);

(2) 企业级衡量指标 (包括系统整体可信度评价);

(3) 系统评估生命周期 (包括如何进行充分的保证);

(4) 应对内部威胁;

(5) 应对恶意软件和僵尸网络;

(6) 全球身份管理;

(7) 时间关键系统的生存能力;

(8) 态势感知与攻击归因;

(9) 溯源 (包括信息、系统、硬件);

(10) 隐私安全;

(11) 可用的安全。

对以上每一个难题,路线图明确了关键的需求,研究存在的差距,以及适合近期、中期和长远发展的研究议程。

DHS S&T 组织了一大批课题专家为本路线图研究提供输入, 路线图研究耗时 15 个月, 召开了 3 次为时多天的区域性研讨会, 并且为每一个题目组织了两次虚拟研讨 (电话会议) 会, 还要算上所有项目参加者大量的编辑工作。

简　介

信息技术已无处不在 —— 从手机等小型电子设备到企业级的网络系统, 再到经济社会运行所需的信息基础设施。信息安全的持续改进对未来变得至关重要。随着美国的关键基础设施日益依赖于各种公共和专用网络, 因网络中断或故障引发大规模国家性事件的风险也日益增长。保护国家关键基础设施不仅仅要求确保物理设施的安全, 同样还必须保卫其中的网络电磁部分, 这也是系统正常运行的基础。从根本上来说, 国家面临最重要的网络电磁威胁是与那些危害互联网的 "脚本小子" 或病毒制造者所造成的威胁不一样的。今天, 互联网已经是许多国家关键基础设施的重要支撑, 使得通信、监测、操作和商业系统等得以运行。网络电磁攻击的频率在增加, 造成的后果也越来越大。怀着不同动机的敌人正在想方设法破坏国家关键基础设施, 他们将网络电磁空间的攻击作为一种可以造成严重后果的进攻手段, 可能直接对人造成伤害, 或者造成经济上的巨大损失。尽管至今还没有网络电磁攻击对美国的关键基础设施造成严重伤害, 但是以往的一些攻击行为表明在我们的信息系统和网络中广泛存在大量的漏洞, 极可能被利用来造成严重损害! 一次成功的攻击可能会造成严重的经济后果, 攻击方式可能是冲击重要的经济和工业部门, 或者是威胁电力等重要基础设施, 也可以是中断危机处理应急处置机构的通信能力。

美国正处在一个需要做出重要决策的时刻。我们必须保卫我们现有系统和网络, 同时努力甩脱我们的对手, 确保能够运用未来科技更好的的保护我们的关键基础设施并积极应对对手的攻击。拟制这个研究路线图的人们都认为: 政府资助必须在国家和经济网络电磁安全研发方面扮演越来越重要的角色。当然, 本路线图中的研究题目不仅仅只是联邦政府的事, 其他希望能确保未来安全的私营机构也应当对此感兴趣。

时间已经是近在咫尺了

　　　　　　　　　　　　—— 乔治·华盛顿, 1776 年 7 月 2 日

　　本网络电磁安全研究路线图试图拟制一个国家层面的研发日程, 以使我们能够领先于我们的对手, 并催生出在未来可以保卫我们的信息系统和网络的技术。本文对研究、发展、测试、评估以及其他需考虑的生命周期阶段都将有深刻的论述 —— 从对个体及其信息的安全防护技术到针对信息基础设施的鲁棒性技术。本路线图提出的研发方面的投资必须解决当前面临的网络电磁安全漏洞并能充分考虑到未来的发展情况。

历史背景

　　信息安全研究委员会 (INFOSEC Research Council,IRC) 是一个非正式的政府计划管理组织, 致力于美国政府层面的信息安全研究资助。很多组织或部门都派出代表作为 IRC 的正式成员参与相关工作, 例如: 中央情报局 (CIA)、DoD (DoD, 包括空军、陆军、DoD 高级研究计划局 (DARPA)、国家侦察办公室 (NRO)、国家安全局 (NSA)、海军以及 DoD 长办公室)、能源部、国土安全部、联邦航空管理局、情报高级研究计划活动、国家航空和航天局, 国家卫生研究院, 美国国家标准与技术研究所, 国家科学基金会, 以及技术支持工作组等。此外, 加拿大和英国的一些合作组织也定期参加 IRC 工作。

　　IRC 于 1997 年拟制了原来的难题列表 (HPL), 并于 1999 年以草案的形式发布。在 IRC 成员使命背景下, 通过从美国政府角度提出一系列重要问题的方式, HPL 定义了需要重视的研究主题。这些问题的成功解决, 将消除达到有效的信息安全的主要障碍。HPL 的提出旨在为 IRC 成员组织的研究规划提供指导。当然, 也希望非成员组织和工业界合作者在他们的研究计划中考虑这些问题。原列表已经被证明对信息安全研究很有帮助，也会有助于政策制定者和规划者评估正在进行的或者建议的信息安全研究项目的有效性。然而，1999 年至 2005 年期间信息技术的显著进步和威胁环境的巨大变化使得该列表有必要进行更新，因此，2005 年 11 月发布了HPL 的更新版。新版的文件中从信息安全角度提出了以下技术难题:

(1) 全球身份管理;

(2) 内部威胁;

(3) 时间关键系统的可用性;

(4) 建设可扩展的安全系统;

(5) 态势感知和攻击归因;

(6) 信息溯源;

(7) 隐私安全;

(8) 企业级安全指标。

这 8 个问题是作为信息安全领域的最难和最关键的挑战选出来的，其目的是为了建立美国政府所期望的可信任系统。信息安全问题被认为是"困难的"，有以下一些原因。有的问题的困难源于建立安全系统的基本技术挑战性，其他的则是源于信息系统中各种应用的复杂性。此外，存在矛盾的规范和政策目标，难以理解的运行需求和用户界面，技术的快速更新，大规模的异构环境 (还包括一些复杂的遗留系统)，以及显著的非对称威胁也都是造成这些问题的原因。

过去的十年来，文字资料中频繁涉及网络电磁安全及相关的研发活动的内容。除了 1999 年发布的 IRC HPL 第一版和 1999 年发布的修订版，以下一些报告也探讨了在这个领域的投资需求:

- Toward a Safer and More Secure Cyberspace

- Federal Plan for Cyber Security and Information Assurance Research and Development

- Cyber Security: A Crisis of Prioritization

- Hardening the Internet

- Information Security Governance: A Call to Action

- The National Strategy to Secure Cyberspace

- Cyber Security Research and Development Agenda

以上报告可在互联网上查阅: http://www.cyber.st.dhs.gov/documents.html。

当前背景

2008 年 1 月 8 日, 美国总统签署了第 54 号国家安全总统令和第 23 号国土安全总统令, 正式提出了国家网络电磁安全综合倡议 (CNCI) 以及一系列旨在建立一线防御 (减少现有漏洞并防范入侵) 的不断努力, 包括运用情报资源和加强供应链安全来应对全方位的威胁, 并通过增强相关研究、开发和教育, 甚至投资 "超前" 技术, 来塑造未来安全的信息环境。

CNCI 研究团体在今后 10 年的构想是: 网络基础设施转型, 以确保国家重要资产不遭受灾难性的破坏, 使社会可以放心的应用先进的网络技术发展成果。

CNCI 中的两个部分与网络电磁安全研发相关, 一个针对网络电磁研发的联邦协调机制, 另一个则针对超前技术的发展。

没有一个单独的联邦机构可以独立负责网络电磁安全事务, 事实上, 联邦政府本身也不能。网络电磁安全是一个具有深远影响的国家层面全局性的挑战, 要求公共和私营部门间的全面地协作努力。不管怎样, 就像以前所做的那样, 美国政府在关键技术方面的研发如果与私营部门紧密合作, 就能快速带动相关的必要基础技术转换。

超前战略与国家网络与网络电磁安全研究界的共识是一致的, 即针对当今网络和信息技术漏洞的长远的解决办法是确保未来这些技术设计从根本上就要考虑安全性。在当今这个网络和信息化的系统、组件和标准影响日益增大的时代, 超前战略将帮助美国在其竞争者中增强其领导地位。对网络电磁安全 (包括信息安全保障、网络和系统安全) 有关键业务需求的联邦机构, 可以在确定研究重点和评估新兴技术原型方面起直接作用。而且, 通过技术转换方面的努力, 联邦政府能够鼓励迅速应用跨越式技术研究的成果。那些可以节省资源地周期性打安全补丁的技术突破将很有可能成为市场的产品。

如前所述, 网络电磁安全研究路线图致力于拟制一个国家层面的研发日程, 以使我们能够领先于我们的对手, 并催生出在未来可以保卫我们的信息系统和网络的技术。路线图中包含的主题, 或者路线图实现后研发工作能够实现的东西, 实际上是具有超前性的, 而且解决了 CNCI 中已明确的许多议题。

文档大纲

本文档的目的是为未来网络电磁安全领域的 11 个难题提供详细的研发日程, 供美国政府和其他任何准备资助或者正在从事相关研发的机构使用。期待各个机构能够发现本文档的某些部分内容与他们各自的需求能够产生共鸣, 从而将开展相应的机构间合作以确保涵盖所有主题。

以下的每一个主题相关领域都将按各自的顺序详细论述, 从第 1 章到第 11 章:

(1) 可扩展的可信系统 (包括系统体系结构和必要的开发方法);

(2) 企业级衡量指标 (包括系统整体可信度评价);

(3) 系统评估生命周期 (包括如何进行充分的保证);

(4) 应对内部威胁;

(5) 应对恶意软件和僵尸网络;

(6) 全球身份管理;

(7) 时间关键系统的生存能力;

(8) 态势感知与攻击归因;

(9) 溯源 (包括信息、系统、硬件);

(10) 隐私安全;

(11) 可用的安全。

其中的 8 项 (1、2、4、6、7、8、9、10) 内容是从 2005 年信息安全研究委员会的难题列表 [IRC2005] 中选取的, 这些内容到现在仍然相当重要。其余的 3 项 (3、5、11) 内容则代表了对未来尤为重要的其他领域。

这 11 个主题的顺序既反映了这些主题分组间结构上的相似性, 又清晰地展现了它们相互间的独立性。顺序上基本是从系统总体概念到具体问题 (除了最后一个题目), 结构如下:

a. 1 ~ 3 项是关于这些问题的总体概况;

b. 4 ~ 5 项则针对特定的重要威胁和需求;

c. 6 ~ 10 项则是一些与到前面主题的实现相关的系统概念和非功能性需求内容。

第 11 项, 可用的安全技术, 因其与其他主题的交叉性而不同。如果把它提高到足够的重视度, 则它将直接影响到其他所有主题的成功与否。然而, 某种程度上可用性要求需要无所不在的在其他所有主题中都有所体现。

11 个部分内容中的每一部分都采用了相近的行文结构。为了对问题有一个全貌了解, 现在怎么样? 我们的目标是什么? 我们提出了以下问题:

背景

(1) 问题是什么?

(2) 潜在的威胁是什么?

(3) 谁是潜在的受益者? 他们各自的需求是什么?

(4) 当前的实际情况怎么样?

(5) 当前的研究状况怎么样?

未来方向

(1) 如何对本主题进行细分?

(2) 主要的研究差距是什么?

(3) 本主题研发中的典型问题是什么?

(4) 必须面对的挑战是什么?

(5) 期望的解决方法是什么?

(6) 什么样的研发是可持续的、基础性的、高风险的, 甚至是革命性的?

(7) 资源。

(8) 成功的衡量。

(9) 测试和评估所需的条件?

(10) 能对真实系统测试到的程度?

11 项内容之后是三个附录。

附录 A: 主题间的相关性

附录 B: 技术转化

附录 C: 制定路线图的参与者列表

致谢

本研究路线图的内容编写历时 15 个月, 召开过 3 次专题研讨会, 每个主题又各有两次电话会议, 而且包含了参加者的大量编辑工作。附录 C

列出了所有的参加者。国土安全部科技委员会 (DHS S&T) 网络电磁安全项目组对他们为此项目付出的宝贵时间和精力表示衷心感谢。

DHS S&T 同时感谢在加州门罗公园和华盛顿特区工作的 SRI 公司工作人员。SRI 公司承包了 DHS S&T 网络电磁安全项目的技术支持、管理支持和子项目专家支持。他们是 Gary Bridges, Steve Dawson, Drew Dean, Jeremy Epstein, Pat Lincoln, Ulf Lindqvist, Jenny McNeill, Peter Neumann, Robin Roy, Zach Tudor, Alfonso Valdes。

特别要感谢 Jenny McNeill 和 Peter Neumann 的工作。Jenny 负责了各个研讨会和电话会议的组织工作, 并和 SRI 公司的 Klaus Krause, Roxanne Jones, Ascencion Villanueva 一起完成了文件的最终版本。Peter Neumann 一直不懈地努力确保本路线图研究符合委员会的实际需求, 并与各路线图制定参加者以及政府出资人一起努力完成高质量的产品。

当前信息安全研究中的
困难问题

第 1 章

可扩展的可信系统

1.1 背景

1.1.1 问题是什么

可信性是一种多维的度量指标，评估一个系统可能需要满足以下几个方面条件及其组合的程度：系统完整性、系统可用性和生存能力、数据的机密性、可靠的实时性能、可追究性、可归因性、可用性以及其他一些关键的需求。对满足以上需求的可信性的准确定义，以及对可信性本身明确的度量，是发展和运行可信系统的基本前提。这两个前提与可扩展的可信系统息息相关。试想一下，如果需要被信任的系统无法按照期望的方式工作，那么基于该系统构建的系统也是不可信的。无论是否真正可信，被信任的系统必须首先假定它是满足其可信需求的，系统在任何一方面的不足都会损害这些需求。不幸的是，当前的系统都很明显的无法满足一些应用对可信性的严格要求。

可扩展性是指系统、网络或者系统的系统在以下方面进行扩展时满足需求的能力, 这些方面包括功能、容量、复杂度, 可信性需求范围内的安全、可靠性、生存性, 以及实时性能改进等。可扩展性必须从一开始就考虑, 经验表明: 如果没有将可扩展性作为初始设计目标来开发系统, 通常无法通过后期调整使系统具备可扩展性。可扩展的可信性对许多国家级和全球规模的系统及相关支撑基础设施来说非常必要, 但是当前用于构建高可信度系统的方法学无法扩展适用于当今关键系统的规模 (更不用说未来的系统了)。

　　可组合性是指使用组件、子系统以及其他系统, 来构建可达到预期目的的系统和应用的能力。为了增强复杂分布式的可信应用的可扩展性, 高可信度系统应当基于一系列可组合的组件和子系统来开发构建, 其中每一组件或子系统都是可信的, 而且系统的体系结构也是原生支持可组合性的。组合工作包括那些充分利用了抽象层方法、操作系统以及合适的编程语言等使应用软件能够兼容地在不同的硬件平台上运行的能力。然而, 我们至今还没有合适的可信基础模块集、组合方法以及分析工具, 用来确保可信系统能够以子系统组合的方式构建。此外, 相应地也需要用组合方式来进行需求分析和评估。未来, 非常关键的一点是, 新的系统将能够以增量的方式加到一个系统的系统中去, 而且还能确信生成系统可信性不仅不会被损害, 反而会被增强。

　　现有系统间不断增长的互联性, 从效果看生成了规模不断扩大的新的组合系统。现有的硬件、操作系统、网络和应用程序体系结构没有充分考虑安全、性能和可用性的综合需求, 很难利用它们来构建可信系统。因此, 当前这些系统的系统的安全性可能远远低于其大多数组件。

　　某些情况下, 构建一个比它的某些 (甚至大多数) 组件更加可信的系统是可能的 —— 比如采用建设性的系统设计和审慎的软件工程方法。基于可信性差一些的组件来构建可信度更高的系统的事例一直都有, 而且已经用于实践 (例如, [Neu2004] 从可组合性方面对此进行了总结)。举例来说, 纠错编码可以用于不可靠的通信和不可靠的存储介质, 加密可以用来增强信息在不安全信道传输时的机密性和完整性, 这两种技术本身从安全性讲是不完备的, 通常忽略了许多安全方面的威胁, 使用时需要依赖于可信性组合来弥补, 包括可信的开发人员、可信的系统、可信的用户、可信的管理员以及它们自身被可信地植入系统的方式等。

　　本主题领域研究重点是能够保持和增强实际系统可信性的系统可扩展性。依据大家公认的重要性排序, 该领域中的研发内容如下: (1) 可信性; (2) 可扩展性; (3) 可组合性。因此所面临的挑战也是三重的: (1) 提供一个坚实的可组合性基础, 可扩展用于大型复杂可信系统的开发; (2) 促进相关工作所需组件、分析工具和实验台的开发; (3) 确保可信性评估本身也是可组合的。

1.1.2 潜在的威胁是什么

对运行的系统的威胁包含所有能阻止满足其设计需求的系统关键应用因素, 包括系统内部和外部的错误使用、恶意软件、系统崩溃、软件错误、硬件故障、人为错误、物理损害以及环境灾害等。事实上, 有时候系统出问题并不是外部原因, 而是由于系统本身设计、实现、配置的错误以及系统老化造成的。其他的威胁发生在系统获取和代码分发的过程中。严重的安全问题也可能源自废弃的或被窃取的系统。对于由许多独立部署安装组成的大规模系统 (比如域名系统, DNS), 在系统的整个生命周期内系统的所有相关组成部分必须同时进行安全升级, 已经证明这种规模的升级很难实现。

无论处在多么不利的环境和面临怎样的对手, 关键系统及其运行环境必须是可信的。历史上许多系统的使用都建立在其应用存在一个可信的计算基础的假设上, 然而, 这种假设的合理性并未得到证明。将来, 我们必须能够有效地开发可扩展可信系统。

1.1.3 谁是潜在的受益者? 他们各自的需求是什么

各方面 (如政府、军队、商业、金融、能源) 的大型机构都因使用大规模计算机系统而承受系统的可信性或者不确定性带来的后果, 或者潜在地受到了损害, 主要是因为使用的成本超出了获得的好处。所有计算机基础设施的利益相关者都要求系统的保密性、完整性和可用性, 尽管在不同的应用领域这类需求的相对的重要程度不完全一样。在不损害系统可信性的前提下获得系统的可扩展性和可持续演进能力是一个主要的需求。典型的用户主要有:

(1) 大型系统 (如操作系统、数据库管理系统、电力网等国家基础设施) 的开发者;

(2) 应用开发者;

(3) 微电子系统开发者;

(4) 系统集成人员;

(5) 大范围或小范围的用户;

(6) 潜在的可扩展可信样本系统的承包商。

一些类型的系统也表明了能够开发可扩展可信系统的重要性, 例如:

(1) 空中交通管制系统;

(2) 电力网;

(3) 全球范围的资金转账系统;

(4) 手机网络。

这些系统需要具备鲁棒性, 能够满足公认的可信性需求。系统的失效可能会造成相当大的损失和危险。然而, 用于构建这些现有系统的基本理念能够支持系统扩展到什么程度? 对越来越严格的可信性要求能够满足到什么程度? 这些问题在不断增长的网络电磁威胁面前都是未知的。相关研发必须具备令人信服的证据来表明其可扩展性, 组件级子系统的范例可能有以下几种:

(1) 可信手持多用途设备及其他用户终端设备;

(2) 可信专用服务器;

(3) 可被有效组合使用的嵌入式控制系统;

(4) 可信网络;

(5) 导航系统, 如 GPS 系统。

应该选择一个或更多的这种系统进行深入研究, 以获得对本项目中开发的可扩展安全性方法更好的认识。反过来, 正在开展的可扩展可信性方面工作的成果也可用于那些样本乃至其他系统。

1.1.4　当前的实际情况如何

最近硬件开发人员已经在规范、形式化方法、配置控制、建模和预测方面进行了大力投入, 部分是源于已经发现的问题 (比如 Intel 芯片的浮点计算缺陷), 部分则是由于上述技术有效性的不断显现。

可扩展可信系统是建立在底层硬件体系架构基础上的。充分的硬件保护是必要的, 但几乎所有的现存硬件体系架构都缺少这些能力, 包括细粒度内存保护 (fine-grain memory protection)、不可访问程序控制状态 (inaccessible program control state)、不可更改的执行代码 (unmodifiable executable codes)、精细的访问保护 (fully granular access protections) 以及基于 I/O 和其他适配板的虚映射总线访问 (virtually mapped bus access by I/O and other adapter boards)。

尽管将这些方法用于软件开发可能也很吸引人, 但可扩展性问题表明其他的方法也是必要的。很多软件方面的问题已经发生了 (参见 [Neu1995])。此外, 需要能够分析软硬件交互如何影响系统可信等级的技术。不幸的是, 至今仍然没有在软件系统开发过程中为确保可扩展可信性而进行高额投资的强制要求。因此, 这方面的努力通常并未得到足够重视。

　　用于检测运行现有硬件体系架构上的软件的错误的诊断工具从短期来看是有用的, 但是从长远看是不够的。需要开展研究来建立对系统可信性非常关键的体系化硬件保护指令集。仅仅依靠软件自身无法弥补硬件保护缺失带来的问题。

　　有一种可能的推论是当今广泛使用的商业货架产品 (COTS) 将永远不可能具备足够的可信性。如果确实如此, 在所建议的研究日程中就应当将对这种推论进行检验作为一项里程碑式的工作。

　　当然, 说服硬件制造商和软件开发者分别提供和支持必要的硬件功能是面临的主要障碍。制造商的主要动机都是围绕市场的, 除非有研究发现、法律要求 (例如要承担用户损失的经济责任) 以及经济利益 (例如对必要功能的强制性采购政策) 的推动, 否则对商用货架产品和开源产品的安全性目标不可能会实现。

1.1.5　当前的研究现状如何

　　过去的十年里, 人们在计算机安全研究领域投入了巨额资金, 旨在为现有的以商业货架产品 (COTS) 组件为主构建的应用和使用计算机的企业提供更高的可靠性。虽然已经取得了一些进展, 但都存在严重的局限性, 特别是在可信性、可组合性和可扩展性方面, 取得的进步简直微不足道。通过增量式方法对商业货架产品 (COTS) 进行改进来获得的系统可信度, 基本无法满足关键性应用。

　　过去半个世纪以来, 不同的研究项目利用一些在软硬件研究方面的重要研究成果, 一直在设计与评估可扩展可信系统和网络方面开展工作。其中一些项目可追溯到 20 世纪 60 年代和 70 年代, 如 Multics 系统, PSOS(the Provably Secure Operating System) 和它之前的基础层次设计方法 (Hierarchical Development Methodology, HDM), 作为早期虚拟私有网络的 Blacker 系统, CLInc(Computation Logic 公司) 存储器,Gypsy, In-aJo, Euclid, ML 以及其他功能性程序语言, 和校验编译器, 以上所列仅仅是一小部分。然而, 只有很少的一部分现有系统继承并利用了那些具有潜在深远意义的研究成果, 甚至连 FIPS 140-1 (联邦信息处理标准) 中对第

4 级安全标准的最低指导原则也没有多少被现有系统所采用。面临同样困境的还包括 "Saltzer 和 Schroeder 安全原则"，它虽然重要但仍未被充分遵照执行 (最近已经由 Saltzer 和 Kaashoek 升级了 [Sal+2009])。

还可以列举更多的近期相关研究工作。例如，面向鲁棒硬件的体系架构，包括现代化的基于能力的体系架构，有的已经有了，有的还在设计中，这种鲁棒的硬件将能够杜绝常见的漏洞，从根本上增强系统可信性。此外，海军研究生院的可信计算示范工程 (Trusted Computing Exemplar Project) (http://cisr.nps.edu/projects/tcx.html) 致力于提供一个可信计算系统设计和构建的真实样例。这一建设性的安全项目过程中的所有要素都将完全开放。近期密码学方面的成果也很有帮助，尽管还有些像如何将这些成果安全地嵌入临界安全计算系统之类的可组合性问题仍有待解决。同时，公钥基础设施 (PKI) 也越来越多地被用于或嵌入实际应用中。然而，在可信性、系统体系架构、软件工程事件、可杜绝许多特征性缺陷的编程语言，以及可扩展用于整个系统等的可重用性方面还存在很多差距和不足。因此，急需能够完全工作的可信系统的成功样例，用于清晰地证明：经过精心设计的可组合性可以同时增强可信性和可扩展性。例如，前面提到的每一个样例都将能从可扩展可信系统的组合中获益。

现在，即使是对于小型系统，也很少有关于需求、可信性指标，以及涵盖广泛、具有一定通用性的可信运行系统等方面的样例。而且，进一步来说，这些需求、指标以及系统还需要进行组合和扩展成为可信的系统的系统 (SoS)。然而，还是有一些样例存在于专用系统中，例如，数据二级管强制进行单向通信，海军研究试验室泵则实现了在多安全等级的较低等级进行可信的信息读取。

近年来，在可用于软件可信性的形式化方法方面取得了巨大进展。这方面的研究成果更适合应用于新设计的系统，而不是进行变换后用于现有系统。然而，这种方法需要重点关注属性和子系统 (因为对它们最有效)，而且必须处理好复杂性、可扩展性、软硬件以及其他一些应用方面的实际问题，比如设备驱动程序和超级 root 权限。

1.2　未来发展方向

1.2.1　如何对本主题进行细分

从当前考虑，开发可扩展的可信系统的途径与以下三类路线图有关。

这三个种类基本上是根据对已有组件的重用程度来区分的。

增强现有系统的可信度。这种增补的方法包括给相对可信度较低的系统添加可信组件和加强系统操作限制以获得可信功能或者成为具备更容易理解的可信属性的系统。我们是否可以在不进行整体替代的条件下使现有系统的可信度显著提高呢?

从头开始的彻底的方法。这种方法包括建立可信原语,用其组合构建可信功能,然后再检验合成系统的整体可信程度。这种方法有什么好处呢?它能使当前那些无法被充分描述的问题得到解决吗,针对什么样的需求?在什么情况下对何种需求是可行的? 这种方法需要什么样的新技术、系统体系结构和工具呢?

在部分环境不受信任的条件下,面向一定需求保持正常运作。例如,已有的计算系统可能被看作是 "敌方系统",因为它们可能已经受到商业供应链和整个生命周期 (设计、执行、运行、维护和退役) 中的未知影响。

要控制 (产品) 整个生命周期和周边操作环境的每个方面从根本上就是不可能的。例如,端到端的加密技术可用于在不可信的媒介中的通信传输,但是无法解决传输中间的拒绝服务攻击或者终端设备内部的沦陷。

三类方法之间并不是互斥的。例如,可以采用混合方法,用第 1 类的增补方法改进老式系统并采用第 2 类中有显著改进的方法。事实上,混合式方法不仅仅是可能的,而是很有可能的。例如,采用彻底的全新体系架构的方法也可以融入一些现有系统的改进技术,甚至通过恰当的包装、封闭或者管控,某些操作可在不受信任的环境中进行。一个彻底的方法如果容许一个持续的对其系统组件的妥协,那它也可以被看作是第 2 类和第 3 类的混合体。很明显,有必要开展进一步的研发工作来在费效比、实用性、性能、可用性以及达到任何特定需求集合的相对可信度基础上权衡。DARPA的 IAMANET 在这个方向上迈出了重要的一步。

对于增补方法、彻底的方法以及混合方法的研发都有紧迫的需求。可信度问题可能会影响开发进程和系统性能,如果不能建设性地开展实施,为实现可信度而增加的功能以及带来的复杂性可能会适得其反,通常反而会带来新的脆弱性。可信度必须从一开始就按完全的指定需求包含在系统设计中。功能和可信度在设计过程中存在本质上的矛盾,在系统实现前必须解决这个问题。

1.2.2 主要的研究差距在哪儿

可组合性方面的研究已经解决了一些基本问题并形成了一些基础理

论。例如，文献 [Neu2004] 中有近期对以往工作、当前实践和未来可能有用的研发方向等方面的考虑，引用了大量可组合性研究方面的论文和报告，还提到了许多可增强系统可信度的子系统组合技术，以及许多有更高可信度的系统和网络架构、系统开发实践等。文献 [Can2001] 则代表了将普遍可组合性应用于密码学这方面工作的开始。

　　然而，由于关系到安全性以及更基础的可信性问题，我们在可组合性方面的认识还存在很大不足，主要是因为我们缺乏对大多数重要需求和期望属性的精确定义。例如，在针对特定安全问题、设计特定解决方案方面我们通常都做得还不错，但是我们并不明白如何将这些解决方案进行组合来构建一个可信的系统。我们缺少分析的方法去分析系统的变化，即使是一个系统细微的改变也会影响系统的可信度。更广泛的来说，我们对问题缺乏足够的理解，即如何在系统整个生命周期内全方位地开发并维护可信系统。我们缺少方法和工具来协助进行诸如以下这些工作：分解高级的可信度目标到具体的设计要求、获取并明确安全需求、分析安全需求、映射高层需求到低层需求、检验系统的可信属性。我们不清楚可以用什么样的方法去组合一个系统，使其能够确保系统比其脆弱的组件更加安全强健。我们缺乏一个关于开发可信系统成功和失败的详细案例，它可以在总体层次和具体应用领域来帮助我们阐明可信系统的原则和属性。我们缺乏开发工具和程序语言，来帮助开发人员分离功能和可信性方面的考虑。对小的系统来说，如果不反映系统可信性的根本问题，临时性的解决方案通常都不会奏效。对于未来大规模、高度复杂的系统，不能指望在没有更深的理解、更好的工具、更可靠的评估方法的条件下实现具有足够可信度的系统，其他前提条件还包括可重组模块、记录详细的复杂性稍低的系统的工作实例等。

　　研究方向从时间上可以被划分为近期、中期和长期三种。一般来说，近期研究可归为增量类，长期研究则是彻底的或混合类。然而，长期的研究往往都基于近期研究的阶段性目标。同时，混合方法也很可能需要长期的规划，因为有时候还需要近期和中期研究的支持

1. 近期

(1) 在选定应用和基础领域中的可信原型系统的开发；

(2) 云架构和基于网页的应用的开发利用；

(3) 可扩展可信系统开发中测试所需仿真环境的开发；

(4) 可组合性的进一步深化研究；

(5) 可信系统的基础构建模块的开发;

(6) 恰当定义的针对需求和组件的可组合性规范;

(7) 对小规模系统的实际可证明的安全属性;

(8) 对详细工作实例的紧迫需求;

(9) 对现有主要组件安全属性的更深入的认识。

2. 中期

(1) 具备清晰可信属性的新硬件;

(2) 更好的操作系统和网络;

(3) 面向可信系统的更好的应用程序框架;

(4) 可信虚拟环境中对传统遗留系统的隔离;

(5) 可组合性的持续研究, 组合系统安全属性验证技术;

(6) 对详细的实际工作实例的紧迫需求。

3. 长期

(1) 组合系统的可信性验证工具;

(2) 贯穿可信系统全生命周期的开发维护技术和工具;

(3) 更广泛的详细工作实例。

好几条主线可以沿着这个时间线进行 —— 比如, 软硬件可信性方面的隔离、分离和虚拟化相关研发; 系统设计和实现的可组合性; 在应用程序投入使用前可以大大简化可信度评估的分析方法; 鲁棒的体系结构, 可完成自检、自诊断、自行重配置, 可防失效和可自动修复; 可以改变当前对攻击有利的非对称性 (现状是攻击比防御要容易) 的体系结构。重点还是放在现实可行的系统开发方法上, 去开发可扩展的、可组合的、可信的系统。

表 1.1 总结了在实践、研发、方法存在的差距和潜在好处, 而针对可扩展的可信系统的研究正是为了弥补这些差距。本章的总结参见表 1.2。

表 1.1　关于差距、方法和益处的总结

概念	应用方面的差距	研发中的差距	方法	潜在益处
需求	不存在的、不一致的、不完整的、不具备可扩展性的需求	黄皮书阶段/一般标准具有内在局限性	规范的、可组合、可扩展的可信性需求	有关方面的进展; 简化的采购流程
系统体系结构	不够灵活; 有缺陷的传统遗留系统方面的约束	需要可演进的体系结构和可扩展的组合性理论	可扩展可组合组件和可信体系架构	维护可信操作的长期可扩展演进

(续)

概念	应用方面的差距	研发中的差距	方法	潜在益处
开发方法和软件工程	缺乏原则的系统, 不安全的语言, 粗心的编程	未被经验证明的原则; 好的编程语言理论被广泛忽视	内在得到确认的可扩展可组合的可信性	更少的错误和风险; 简化的评估过程
分析工具	用处不大的特定、零碎的工具	需要更加完善的基础	规范严格的可组合工具	消除大量的错误
全系统评估	现在无法对大系统进行评估	缺乏由上至下遍历的分析评估	形式化的方法, 层次化的阶段性推理	可扩展的递增式评估
系统运用	系统管理员责任太重	用户和管理员的可用性常常被忽略	动态自诊断和自修复	简化的、可扩展的运行管理

表 1.2　可扩展可信系统概述

构想: 使基于系统的可信系统 (TSoS) 开发实用化; 运用容易理解的可组合体系结构和精心设计开发的可信组件, 保证即使是非常庞大和复杂的系统, 系统仍具有预期的可扩展性和可证明的可信性

挑战: 当今大部分系统都是基于不可信的传统系统构建的, 应用的是不完备的体系结构、开发实践和工具。尚缺乏合适的理论、可信性与可扩展性的指标、完备的可组合体系结构、合成和分析的工具、可信的基础模块

目标: 建立坚实的基础并发展相应支持工具, 将研发机制与策略、攻击与机制、系统与需求关联起来, 以便于开发可组合的 TSoS, 并从系统上增强可信性 (例如, 使系统比其脆弱的组件更加可信);TSoS 开发记录, 应包含从原型的定义到系统部署的全部内容

里程碑		
增量系统	**从头开始系统**	**混合系统**
近期标志: 健全的分析工具 系统安全引导加载 可信平台	**近期标志:** 其他体系架构 定义明确的需求健全 的系统内核/虚拟机监督系统	**近期标志:** 混合搭配系统 系统集成工具 用于评估的策略
中期标志: 系统地使用工具 更多工具的开发	**中期标志:** 可证的健全原型 被证实的系统体系架构	**中期标志:** 使用基础设施 进行集成试验
长期标志: 充分评估过的系统	**长期标志:** 系统被完全地正式评估	**长期标志:** 开源组件与商业货架 组件的无缝集成

测试/评估: 确定可信性、可组合性和可扩展性衡量指标, 并应用于真实系统

技术转化: 发布可组合方法学, 用混搭的组件开发 TSoS。发布开源的可组合、可信组件。发布记录详尽的 TSoS 开发成功案例。提出可盈利商业模型, 使公私机构都可以加入到对关键应用的 TSoS 开发工作中来, 并能在选定领域持续努力

本主题与企业级衡量指标 (第 2 章) 和评价方法 (第 3 章) 是互动关联的, 它们共同确保系统的可信性。如果没有这些指标和适当的评价方法, 安全性将难以理解, 也将难以进行费效比的权衡。最后, 如附录 A 所示, 所有其他主题都将从可扩展的可信系统受益。

1.2.3 必须面对的挑战是什么

在可信性方面, 由于缺少健全的系统级体系结构, 同时面临进行全面校核与验证 (V&V, verification, validation) 时相对高昂的代价, 这都阻碍了安全计算基础设施能够经济地提供应用需要的确信度和功能 ("高危 (High-consequences)" 的政府应用是唯一的例外, 对它们而言成本相对于国家安全是次要的)。当为达到必要的功能而需要增加系统规模和复杂性时, 这个问题尤为严重。此外, 可信性评估过程可能会超出留给系统打补丁和升级的时间, 这会妨碍吸收应用高确信度信息技术。当前可信系统费时的评估过程相对于只有较弱评估的传统系统开发而言会产生很大的延误。相应的, 开发可信系统会所需时间会比一般商业货架 (COTS) 系统要长, 同时, 可信系统的运行性能与具有同等功能的商业货架 (COTS) 系统比也会要差一些。

最紧迫的挑战之一是研究如何在确保系统可信前提下最小化系统体系结构 —— 例如, 最小化可信计算基 (TCB) 的大小和范围。如果体系设计的很差劲, 任何失误都会损害整个系统的可信性。尤其对大系统来说, 从头开始设计一个复杂的安全系统是一件相当困难的事, 可能会直到开发后期甚至完成系统部署后才发现存在灾难性的错误。软件方面的灾难性错误可能仅仅存在于关键业务部分的几行代码, 而这种错误对于当前动辄数千万行代码的系统而言几乎是不可避免的。与现代系统和应用的庞大规模相比, 经过充分全面校验过的程序和系统规模还是很小的, 因此要在此基础上通过扩展形成开发和校验无错系统的正式规范方法, 似乎是一件非常艰巨的任务, 然而正式的方法会比当前尝试过的任何不那么正式的方法更值得期待。目前, 在跨越多个抽象层的系统行为分析方面正在取得可观的进展。此外, 如果要基于不安全的组件设计复杂的可信系统和容错系统, 肯定是更加困难的事。

举个例子, 确保启动引导过程的安全非常重要, 但其深层次的原理在于要求系统中可执行程序的所有模块都有可信链支持, 以确保其中可执行代码的完整性不受侵害, 同时驻留内存的代码除了执行外不会被读出或修改。对 ROM 中保存的系统固件，在升级更新时如果采用加密技术来保护其完整性则是符合这个标准的。对软件程序，如果采用加密方法来保护其完整性，加载时进行校验验证，并由硬件保护确保其代码"只执行"，那也是符合这一标准的。

与本主题领域相关最密切的挑战是，如何基于详细、有远见的需求，以及由可证可信的组件和子系统组成的完善的体系架构，同时遵守严格的软硬件和系统工程准则，实现高度规则化的系统开发流程。当前使用的开发工具甚至不能确保系统具有其组件的可信性。

衡量可信系统构建中的保密性和完整性缺陷需要确认并度量系统信息泄漏的通道。受限的、老式的、局部意义上的隐秘通道已经研究的很透彻了，在当前这个跨域互联越来越广泛的世界，出现了越来越多的分布式隐秘通道。对于更具分布特性的隐秘通道或其他带外信号通道，我们缺乏相关的科学、数学、基础理论和工具来对它们进行风险评估，也不具备关闭这些恶意通道的能力。

商业货架软件中遗留的约束、对网络支持的缺乏、互操作性的严重受限都阻碍了这一进程。有意义的安全并没有被当做主流的竞争优势，即使是可信性也被忽视，在系统设计、实现、运行和评估方面还没有被认可的方法能够充分地体现出在可信性、功能、成本等方面的权衡。

1.2.4 期望的解决方法是什么

现在，形式化验证工具以及其他一些测试仿真手段，已经被有效地用于查找微处理器中的漏洞来评估芯片的逻辑设计。虽然这种技术已经变得非常高效，但是不太可能扩展到可以对整个系统的软硬件 (包括应用程序) 进行评估。而且，现有的硬件验证工具在面对国家级的敌对方时是否也足够可靠，这一点并不明确。如果要构建远比当前的系统更可信的系统，可扩展的形式化验证等分析工具将非常关键。若要将可信性保证纳入开发流程中和实现自动化的形式化验证，需要更好的工具。这些工具将能提供构建安全计算基的功能，以满足用户对可信性以及功能性的需求。这些工具应当在军事系统中广泛使用，也可以由流程控制系统、实时操作系统、应用程序环境等的供应商广泛使用。开发这种能够扩展应用于整个系统 (比如国家级的信息基础设施) 的工具要求我们重新思考系统的设计、构建、分析、运行和维护；要求我们关注需求问题、系统架构、软件工程、编程和规范语言，以及相关的分析技术。当然，系统分析设计也应当面向业务运行和使用者方面的可用性,同时还要覆盖系统整个生命周期并考虑环境中的对手和其他不利影响。

近年来在模型检测和定理证明方面取得了可观的进展,尤其是在近十年来对源码的静态和动态分析方面进展很大。这些进展还需要更进一步,重点在实际的可扩展性,这样可以应用于大规模的系统以及其上的应用程序中。

对一个已经构建得很糟糕的系统进行安全验证是根本无法完成的,但是由于无法承担丢弃现有系统的高昂代价,必须探寻一种演进的策略,即通过组合旧的和新的子系统来构建新的系统,同时将原来旧的系统存在的风险降到最低。首先或许应当是对现有系统重要组件的安全局限性和缺陷的更加形式化的理解,这样至少我们能够知道在可信的可组合系统中使用这些组件会带来的风险。最终的目标是一步一步分阶段地替换掉旧的系统,来增加日益复杂的系统的可信性。

可信性验证非常昂贵。许多 COTS 系统是围绕功能而不是可信性构建的。而且这些系统还会为了开发和部署成本而进行优化,这样会进一步损害系统的可信性并产生不易被察觉的漏洞。另有一种方法是依据规范,在系统构建时就检查系统在可信性方面的完备程度。这种方法成功的基础在于新的开发语言、支持分阶段形式化验证的开发环境以及更具扩展性的证明生成技术 (可在生成携带证明的代码时大大降低程序员工作量)。计算机辅助的安全软件工程开发环境能够极大地方便安全系统的开发构建。当然,更进一步的话这些工具还能够支持对硬件和整个系统的可信度的开发设计。

另一个关键的要素是创建关于逻辑和行为的可理解的模型。这些模型应该具有可理解的接口,开发者可藉此保持对系统的了解,即使系统尺度规模不断增大。这样将能够帮助开发者避免潜伏在复杂性中的灾难性的错误,这类复杂性主要是源于不可理解的系统或者多系统间的交互。为了有效定义包含许多部分的策略而创建一种语言是很困难的。由于组件间的交互导致的问题,进一步强调了不仅要在实验室进行行为验证,在实际运行中也应当进行。

最后,高效地构建可验证的可信系统还需要创建安全而且灵活的组件,以及组合它们的理论与工具。缺少了安全计算的基础,开发者将永远陷入总是从头开始的困境。这种安全计算基础必须包括经检验和验证的硬件、软件、编译器以及包含易组合模型的支持库,支持库中的模型包括针对环境刺激、错误配置和其他人为错误、敌对恶意影响等的响应。此外,对这些组件组合的检验方法也是安全计算基础的组成部分。

1.2.5　什么样的研发是可持续的、基础性的、高风险的，甚至是革命性的

渐进的研发工作可能包括针对某一关键国家基础设施和特定应用领域中的大规模系统的渐进式改进，比如 DNS 与 DNSSEC、路由与边界网关协议 (BGP) 安全技术、虚拟化技术与虚拟机监控 (Hypervisor)、网络文件系统与其他专用服务器、多核架构的开发、以及互联网环境 (如浏览器、Web 服务器、应用服务器如 WebSphere 和 WebLogic 等)。然而，针对特定薄弱组件的安全强化或者进行彻底的功能子集化等这些措施本来就是受限的，指望它们有效也是充满风险的。这方面的研发需要重点关注需求的明确、研发原则、研发方法学、研发工具以及面向可扩展可信系统开发的可重用的基础模块。

更加基础的、高风险的和革命性的研发广义上包括各种基于可组合性的类型，因为一般认为，只有有效的可信可组合性才能达到真正的可扩展性 (正如功能的可组合性使当前系统开发的可扩展性成为可能一样)。编写出准确 (可经受检验的)、严格 (可信的)、灵活 (可被实现) 的安全规范，这方面的基础研究对该领域的重大进步将非常关键。

1.2.6　可用资源

如上所述，本主题绝对是讨论其他主题的基础。由于无法开发出可扩展的可信系统带来的代价已被证明是十分巨大的，而且还将继续增大。不幸的是，开发高可信度安全系统的成本一直以来也是相当高的。因此，必须在不降低开发和评估过程有效性、而且不损害所开发系统的可信性的前提下降低开发的成本。在缺乏考虑周详的基础模块的条件下，很难估计开发可信系统所需的代价，但是现在要关心的只是相关研究和原型开发的成本，它们可以展示出预期方法的有效性和可扩展性。这可能看起来是一个开放性的挑战，但是，对能够增强可组合性、可扩展性和可信性的一针见血的方法的需求非常迫切，即使是幅度相对较小的进展也将大有裨益。

为此，许多资源都将是非常重要的。其中最为宝贵的资源无疑是各种能够做出贡献的人才。当然可用于需求、规范和编程的合适语言、适宜的开发工具等也是非常关键的。特别的，相关分析工具所需的基础理论也是不可或缺的，这些分析工具可用于系统可信性预测、建模、仿真和形式化

方法。

1.2.7 成功的衡量

总的来说, 最重要的成功的衡量是能够确保避免以往那些常见的典型系统故障 (例如 [Neu1995] 中提到的), 本章的前些部分曾提到过一些这类故障。

对于系统设计者来说很重要的属性应当是以达到一定可信度水平系统的规模尺度来衡量。正如本章开始提到过的那样, 可信度一般涵盖了对安全性、可靠性、生存性和许多其他系统属性的要求。每一个系统都需要一组用于描述其可信性、可组合性和可扩展性的指标。这些指标不仅要反映通用的要求, 也应当能反映特定应用的要求。任何基于计算机自动化的安全软件工程环境 (也包括扩展到硬件及系统的情况) 的有效性, 都应当用其节省的人力工时来衡量并验证可比较的可信度等级和安全。组件的重复使用以及重用的程度也应当衡量, 因为任务关键系统中使用最多的组件应当是校验过的。应当研发能系统地运用这些衡量指标的评估方法。对成功的可扩展可信系统的衡量, 以及后文其他各章节中所涉及的衡量, 都应当是企业级衡量的组成部分。

1.2.8 测试和评估所需的条件

系统体系结构、开发方法、评估方法、可组合子系统、可扩展性以及记录详尽的成功运行的可扩展原型样例等方面都急需取得显著的进展。产生足够数量的成功样例通常意味着还会有很多失败的案例。测试和评估可以针对前文中作为典型提到过的任何系统进行, 虽然开始都是面向原型系统的, 但都具备扩展到企业级应用的潜力。

1.2.9 能对真实系统测试到的程度

一般地, 与在一个通用系统环境中进行相比, 在子系统级的可信环境中开发组件和研究可组合性、可扩展性将具有更高的效费比。然而, 子系统的集成仍然需要对整个系统进行测试和评估。像电力网这类关键系统, 显然没人愿意拿它做实验, 尽管系统的所有者拥有一些真实的但规模受限的测试环境。正因为如此, 需要能够逼近实际的更好的分析工具和测试床。更进一步说, 如果在相对不重要的系统上就能够展示适用的原则、技术、系统架构, 这类系统的成功开发将能为更关键重要系统的开发提供深刻的认识和启示, 而不用一开始就在困难的环境下对它们进行测试。

第 2 章

企业级衡量指标 (ELM)

2.1 背景

2.1.1 问题是什么

针对信息安全 (更一般地来说针对可信性) 定义有效的指标, 已经被证明是非常困难的, 尽管大家都认为这种指标将能够用于衡量安全性评估的进展, 至少可用来粗略地比较系统之间的安全性。指标是量化所有其他路线图主题领域的基础, 正如俗话说的那样, 我们无法管理不能被度量的东西。然而, 很难得到能为大众所普遍认可的有意义的指标, 一方面是因为信息技术的快速发展, 另一方面是因为针对信息系统的恶意敌对行为在不断变化。

除了本文其他地方提到过的系统级和组件级指标, 以及随着新技术发展不断涌现的具体技术指标, 组织内部关于安全的宏观层面的指标也是必不可少的。一个在指标方面的成功研究计划应当定义一个安全相关的度量科学, 研究的最终目的是提出某种指标, 并回答以下问题:

(1) 组织的安全性如何?

(2) 我们的安全状况是否已经较去年提高了?

(3) 面对不断变化发展的威胁和技术, 安全性究竟有多大程度的改进?

(4) 和同行相比我们在安全性方面做得怎么样?

(5) 我们正在采购或者部署的产品或软件的安全性怎么样?

(6) 某个产品 (或软件) 与现有系统和网络的融合度怎样?

(7) 使用新的工具或操作会对系统安全带来什么样的细微变化 (变好了还是变坏了)?

(8) 如何利用我们的可用资源来使系统安全最大化, 同时使系统风险最小?

(9) 在给定的条件下, 对于需求定义、前期架构、形式化建模、详细分析、工具构建、代码审查、程序员培训等各环节, 如何组合才是最有效的?

(10) 面对当前和未来可能发生的威胁, 怎样的安全程度才是足够的?

(11) 面对网络电磁威胁、错误配置、环境影响以及其他问题, 系统的鲁棒性究竟如何?(这个问题对于关键信息基础设施、国家安全以及其他计算机相关的大规模应用尤为重要)。

企业级的安全指标面向一个组织机构的安全状况, 也是本路线图中其他地方提到过的组件级指标的补充。

"企业 (Enterprise)" 是一个跨度很广的术语, 原则上可以包括整个互联网, 但实际上在这儿主要是指从大的公司或联邦部门一直到小的办公室或家庭办公室 (SOHO)。对我们而言, 一个企业应当有一个集中的决策机构, 确保合理地选择企业级安全指标 (ELM), 以改进企业的安全状况。企业级安全指标将能支持企业的决策判断, 比如采用某种技术是不是能够加强企业的安全。企业级安全指标还是准确地进行企业安全状况态势感知的基础。

这里我们定义系统和网络相关的指标都在企业级的范围内, 并考虑将主机级和其他低层次的度量都归并到企业级。或者说, 企业级衡量指标的目的是用于理解认识大规模系统的安全性 —— 使我们从整体上理解认识企业安全, 并以利用这些指标来指导合理的安全性投入为目标。如果这些企业级安全指标的目的达到了, 那么对于其他扩展的案例也同样可行, 比如互联网服务提供商 (ISP) 和他们的顾客。

真实系统中的安全本身通常都没有很好地定义, 或者是隐性的。一种观点可能会这样认为: 安全是当系统遭受攻击时在特定环境下一定时间内达成特定应用目标的可能性。注意这种定义使用了系统应用目标的定义和系统环境的定义, 其中就包括了一些威胁模型的概念。尽管这类概率指标已经被用于量化系统的可靠性和某些系统的风险评估, 但考虑到信息系统面临的威胁环境的快速变化, 这些安全性指标的准确性看起来非常成问题。例如, 某个系统预计具有很高的满足安全目标的概率, 但在该系统的某个零日安全漏洞被发现并被用来实施入侵时, 这个概率基本上就降到了零。

设计提出安全度量指标是很难的, 是因为这些指标通常需要衡量的某些负面东西的信息是未知的 (比如, 系统可能存在的漏洞当前是未知的, 恶意敌对方利用未知和已知漏洞的能力是未知的)。难题在于系统中总有未知的漏洞, 而系统应用的环境又是动态的和充满对抗性的。我们需要对环境和攻击模型进行更好的描述, 来指导基于风险的判断。尽管这很难, 但一定能取得进展。

以下是来自美国国家标准与技术研究院 (NIST) 的定义, 可以提供一些有用的见解。

"信息技术 (IT) 安全指标提供了一种实用的方式来衡量信息安全。在系统层面评估安全性时, IT 安全指标是通过收集、分析和报告相关性能数据来促进决策和定责的工具。在 IT 安全性能目标基础上, IT 安全指标是可量化的、可被衡量的和可重复的。它们提供了一种随时间变化的相关趋势, 有助于跟踪安全性能变化, 并指导将资源分配到有助于改进安全性能的活动中去。[http://www.itl.nist.gov/lab/~bulletns/bltnaug03.htm]"

大多数组织对前面列举的问题的解决方案的看法, 都是从短期内的经济思维模式出发的, 并试图进行费效比权衡分析。然而, 由于缺乏合适的指标, 根本无法弄清楚这些分析是否能解决问题, 而从长期以来由这些分析作出的决定看将不断阻碍系统安全性的提升, 最终将导致投入资金重新开发。

2.1.2　潜在的威胁是什么

通常, 缺少有效的 ELM 让人对网络电磁威胁一无所知。从企业级整体角度看, 贯穿整个信息技术发展的历史中, 网络电磁安全一直都缺乏有意义的衡量方式和指标 (当然在某些组件级的特定属性方面曾取得一些成功)。这种缺失严重阻碍了在企业范围做出明智决策的能力, 阻碍了在发展和运行的每一阶段有效避免或控制无数的已知、未知威胁和风险。

2.1.3 谁是潜在的受益者? 他们各自的需求是什么

总之, 每一个受到自动化信息系统影响的个体都可能从更好的安全指标中受益, 尤其是企业级的个体。安全研发方面的资助者需要这样的指标来衡量研发进展。安全技术方面的决策成员、采购经理和投资者也能够根据这些指标更好地完成业务, 并指导在安全技术方面作出更明智的投资。这个需求当然也会指导市场去开发可衡量的更安全的系统。指标不仅仅可应用于技术, 也可用于实践, 它能够提供致力于安全性能改进的激励性管理体系。鲁棒性的指标能够加强认证 (certification) 和鉴定 (accreditation) 过程, 从定性的过程转向定量的过程。指标也可以用于评估备选的安全措施、实践和政策可能带来的安全性方面的相对影响。

系统管理员需要用指标来指导生成最优网络配置, 配置中明确考虑了安全性、可用性、成本和性能的因素。这样似乎存在一个潜在的、可预测并降低网络电磁攻击危害的保险和承保市场, 它将因为这些有意义的指标得到增强。当然, 这一市场正因缺少合适的指标而受到侵害, 更多的危害还将来自于不安全的系统的普及和使用, 以及对准确一致的历史数据的缺乏。

对于理解认识风险组成、进行风险计算, 以及改进对感知风险的响应决策来说, 定义与任务威胁模型相关的指标是必要的, 风险模型必须吸收组合以下内容: 威胁信息、被保护的企业级信息的价值、系统失效带来的可能后果、运行的操作以及技术。特别地, 风险评估需要威胁模型 (涵盖意图和能力)、实际保护措施模型、对手可以攻破这些保护措施的概率模型, 并明确所关注的后果或对手的目标。这些受关注的结果一般都是每一个企业所独有的、个性化的, 尽管也存在许多普遍性。对于关键信息基础设施来说, 系统不可用是最受关注的。而对商业企业来说, 相对于系统停机带来的短期经济损失而言更加关注专利信息的丢失。潜在的好处、挑战以及需求总结在表 2.1 中。

表 2.1 受益者、挑战和需求

受益者	挑战	需求
开发者	建立有意义的 ELM (综合的, 可实现的, 实际的)	规范性语言, 可行性分析工具, 层次化评估, 增量式修改
系统采购员	坚持使用有意义的 ELM	经认证的评估
用户社区	能够对有意义的 ELM 进行评估	进行与可信性相关的各个方面的详细评估

2.1.4　当前的实际情况怎么样

当前衡量安全的实践都是临时性质的, 许多衡量和度量选择的过程多是或者完全是主观的或程序化的, 就像评估是否遵循 "萨班斯·奥克斯利法案 (Sarbanes-Oxley)"、"健康保险流通与责任法案 (HIPAA)" 等法案一样。[1] [2] 在旧的方法被证明无效后不断涌现出新的方法。有一些衡量指标, 如僵尸网络的数量和范围、在一个网络集群中主机的感染数、入侵次数、随时间被防毒软件检测到的概率以及服务的许可证数、刑事定罪数、签署的国家安全文件数 (强制性的) 等, 这些都和系统的根本特征无关, 更多的却是反映了对手的特性。这一类的例子包括那些试图对互联网健康状况、对当前全球范围病毒感染状态或者对活跃的僵尸网络的规模和数量等进行分类的网站。

许多措施和项目正在实施中, 以改进或开发对全部或特定部分安全领域的衡量指标。其中包括:

(1) 一些政府文件及相关工作 (例如 NIST SP800-55 文件), 其中描述了定义和实现信息系统安全度量指标的方法。尽管某些度量指标是有用的, 但还不足以完全回答本章节前面提出的安全性问题。

(2) 基于系统复杂性 (如代码复杂性, 入口点数目等) 来评价安全性的方法。它们可能指出了系统的某些漏洞, 但由于缺少攻击成功率或防护有效性方面的数据, 这类方法并不能说明太多问题。

(3) 红队方法, 可提供一种基于对手行动因素的衡量, 当前已被用于安全评估和渗透测试。其中, 渗透测试可以使用大量的可用工具或雇请一些提供此类服务的专业公司来进行。例如, 这样可以在安全方案实施前后提供与对手行动因素和剩余漏洞相关的安全度量。

(4) 在一些安全相关领域可提供安全度量的启发式方法。例如, 系统

---

① (萨班斯·奥克斯利法案, 是美国立法机构根据安然有限公司、世界通讯公司等财务欺诈事件破产暴露出来的公司和证券监管问题所立的监管法规, 简称《SOX 法案》或《索克思法案》, 该法案对美国《1933 年证券法》、《1934 年证券交易法》做出大幅修订, 在公司治理、会计职业监管、证券市场监管等方面作出了许多新的规定。引自 http://wiki.mbalib.com/wiki/Sarbanes-Oxley)。

② (HIPAA, 全称为: Health Insurance Portability and Accountability Act/1996, Public Law 104-19, 尚没有确切的正式中文名称, 国内文献一般直接称为 HIPAA 法案, 有的称为: 健康保险携带和责任法案, 也有取其意的: 医疗电子交换法案; 台湾有文献翻译为: 义务型可携带式健康保险法案 (参考来源)。其目的是: Administrative Simplification (简化管理), 以降低日益增长的医疗费用开支。起源于 1991 年。引自: http://baike.baidu.com/view/5519417.htm)。

通常有一种指标叫"密码强度"(有点像温度计的温度显示一样)。然而,密码强度对于存在安全脆弱性的系统来说是一个相当空洞的概念。

(5) 安全措施执行度指标,可用于评价企业中的系统对于新发布安全补丁的安装数目,以及安装的及时性。

(6) 安全过程举措,可能定义了与执行过程相关的指标,这需要大量的文档。然而,这类方法通常都是关于过程的,在安全方面不会有实际的性能改进。

本章主要关注网络电磁安全方面的问题。然而,研究一下针对物理安全系统的现有度量和设计技术及其不足也很有用。这些信息将能帮助促进网络电磁安全研究,尤其是当这些逻辑的和物理的网络电磁安全系统变得越来越相互交织、相互依存。类似的,经济风险管理方面的技术也可被用于网络电磁安全。

2.1.5 当前的研究状况如何

已经有一些新的动议致力于研究新的机制来确认度量指标。某些方案试图应用其他学科的工具和技术,其他的一些方案则试图从新的方向来解决问题。这些方案有:

(1) **有效性度量:** 国防分析研究所 (IDA, the Institute for Defense Analyses) 开发了一种用于确定网络电磁安全控制有效性的方法,这种方法是建立在该研究所广泛应用并记录的用于确定物理安全控制有效性的方法的基础之上的。该方法使用一种修改过的专家评价方法 (Delphi technique) 来确定各种组件和配置有效性度量,之后就能够对各种体系架构和运行模式在不同等级威胁条件下的潜在安全有效性进行评级了 [IDA2006]。

(2) **基于理想的度量:** 爱达荷国家实验室 (INL) 使用了覆盖面很广的不同方法来研究安全性度量。他们首先选取确定了几种最佳状态的安全结果,试图以此为基础提出这些"理想状态"对应的真实世界的安全有效性度量。这些最终形成的包括了 7 种理想状态的 10 组系统度量指标被用于实验测试,以检验用这些指标对真实网络或系统安全性能进行预测的效果 [McQ2008]。

(3) **面向目标的度量:** 这类度量主要应用于软件开发领域。面向目标的机制期望建立起明确的衡量目标,定义多组与达成目标相关的问题,以此来确定哪些有助于回答这些问题的度量指标。

(4) **防护质量 (QoP)：** 这是近期发展起来的一种方法，还不怎么成熟。它一直都是好几个工作组的研究主题，但目前仍然是相对定性的度量方法 [QoP2008]。

(5) **基于对手的度量：** 麻省理工学院林肯实验室选择从攻击者入侵网络组件的可行性和付出的努力的角度进行探索，主要是通过检查网络组件的可达性和已知或假定已知的漏洞开展工作。他们及其他人已经开发了工具可以利用攻击图来对网络安全建模。

2.2　未来方向

2.2.1　如何对本主题进行细分

这一章将 ELM 研究主题划分为五个类别：定义、收集、分析、组合以及采纳。

1.　定义

定义用来确定并开发相关模型和度量指标，以创建一组安全性原语（如对机密性、完整性、可用性及其他方面）。NIST SP800-55 中提出了一种有用的指标定义框架，该文件建议从系统安全策略实现、有效性/效率和任务效果的维度来构建度量指标。

原则上，安全指标是用来量化安全性的，但是这些定义类指标在实际应用中难度很大。在最基本的层次，我们希望能够对系统安全进行量化，以解答诸如"某个系统比其他系统的安全性要高到什么程度？"、"系统采用某种安全技术或措施后安全性提高到了什么程度？"之类的问题。然而，正如前面所说，这些度量都与假定的对手的能力、目标模型相关，而且是基于我们自己对系统漏洞的认识的，因此就潜在地受制于这些模型、需求、认识、假定以及其他方面的不足。

由于本章节主要关注 ELM，因此安全度量指标定义除了非企业级设备，也必须考虑那些互联的信息基础系统。必须预测到未来企业级的特性，比如当前技术发展趋势已经暗示应当将智能手机作为企业级的一部分。信息基础系统可被看作是一个特殊级别的企业级系统。当然，不同信息基础设施之间的相互关联也意味着我们最终必须能够考虑元企业级。

2. 收集

收集的需求会促进对一种系统的软硬件研究,这种系统能利用有意义的指标来收集数据,而且原则上这种数据收集方式不会被对手所影响。这包括通过规范化、分类、确定优先级以及估值来对数据进行整理,也可能包括内置审计和嵌入式取证支持的系统的开发,以及其他诸如恶意软件防御和态势感知等主题领域。

3. 分析

分析主要是确定指标在描述和预测系统性能时的有效性。预测包括当前和假定的对手能力。在企业级分析方面的工作一直都相对较少,主要是因为缺乏可靠指标作为基础,也缺乏依据局部评估形成企业级评估的基础方法。

4. 组合

由于安全属性通常被看作是全系统级或企业级体现出的属性,因此需要研究如何依据低层次的指标 (如组件级和子系统级) 来获得全系统的高层次指标。这个 "可组合性指标" 问题正是开发可扩展可信系统需要重点关注的问题。此外,从企业级指标到元企业级指标的可组合性,以及相应评估结果的可组合性都代表了本领域未来面临的挑战。

5. 采纳

采纳是指在考虑系统、过程、组织约束和人的因素的情况下,将 ELM 结果转换成某种可被广泛使用的有用形式 (如度量规范或方法)。例如货币或财务方面的考虑要求采纳诸如用户数据库中记录数和每一记录的价值 (如果记录泄漏的话) 这样的指标。我们也要从问题发生后的角度考虑财务指标 (一次特定的损害的代价,用直接损失、信誉的下降、弥补的代价等来描述)。这种问题发生后的考虑对系统设计者以及前面提到过的保险签名概念将很有用。

2.2.2 主要的研究差距是什么

尽管在过去付出了相当大的努力,我们至今仍然没有任何普遍认可的评估方法能够解决这个基础问题,即如何能量化系统安全。从最低限度来讲,评估方法需要支持假设测试、基准测试和对手模型。需要对各种程度形式性的假设测试,从简单的约定到正式的、装备精良的实验来确定所建议的安全度量指标的可行性。基准测试用来建立系统有效性的基准, 这样伴随着系统自身变化以及威胁环境的演化, 系统的发展过程才有迹可寻。最后, 评估中必须包括完善的对手模型, 在系统面对特定对手攻击指令或其他漏洞威胁时做出反应时, 可以预测该对手在一定环境中的行为。

2.2.3　本主题研发中的典型问题是什么

安全度量指标的需求范围很广, 研发工作重点可以针对以下任何领域:
(1) 选择合适的指标;
(2) 验证指标的方法;
(3) 指标计算和采集的方法;
(4) 根据子系统指标来确定企业价值的指标组合模型;
(5) 指标集可扩展性;
(6) 制定或确定指标层次性;
(7) 安全原语的度量指标;
(8) 指标的恰当使用 (运行、评估、风险管理、决策);
(9) 衡量运行安全价值的能力;
(10) 衡量人机交互 (HIS);
(11) 在大型企业环境中能对以上领域起增强作用和提供自动化手段的工具。

2.2.4　什么样的研发是可持续的、基础性的、高风险的, 甚至是革命性的

可组合性方面的进展 (对于多种度量指标) 可能是革命性的进步。度量指标的层次式组合应当能够支持诸如论据树和安全案例之类的框架 (类似于复杂机械系统如飞机中的安全性案例)。

确定综合的度量指标, 或者一组不同衡量维度, 可能会带来巨大的进步。被广泛使用的著名的机密性、完整性、可用性 (CIA) 模型很适合用于安全方面的研讨, 但是无法方便地或直接地用于大型企业安全的衡量。而且它本身是不完整的, 例如, 它忽略了责任、审计、实施监控以及诸如未知威胁下系统生存能力、人员安全等方面的可信性等方面的需求。

从其他学科中借鉴一些方法用于安全度量指标是合适的, 但结果是不完整的而且常常不是完全可行的 (就像组件和系统可靠性所用的概率指标

一样)。应当考虑与其他领域的联系, 但同时也要清醒地认识到其他领域的技术可能无法直接应用于网络电磁安全, 因为对手是智能的, 攻击空间也具有不确定性。

许多学科 (如财务度量指标和风险管理实践; 平衡记分卡, 六西格玛, 以及保险模型; 复杂性理论; 数据挖掘) 都是用于在不确定性条件下进行决策的, 但是它们中的大多数都有证明方法来确定风险。例如, 财务领域有不同的度量指标来帮助决策者了解其组织中的财务变化情况。这些指标可以提供对于流动性、资产管理、债务管理、利润以及企业市值方面的洞察了解。用于确定当前净值和内部回报率的资本预算工具, 则可以提供在不同项目中投资的预期回报方面的分析。此外, 诸如重要资产估价模型和期权估价模型等将风险和回报联系在一起的决策方法, 能够基于大范围潜在市场状况提供完整资产的全貌。这些方法已经表明了其可用性, 已经被广泛用于各产业的决策支持。可能与 IT 安全相类似的是支持组织机构安全的企业级视图的完善健全的系统开发框架。需要开展研究来确定那些支持有效的度量指标定义和数据采集的系统设计要素, 也需要研究数据采集逻辑, 如采集的代价和对指标的影响等 (例如, 采集活动是否损害了系统安全性)。

需要开展与对手行为和能力相关的安全性度量指标的研究工作, 主要在以下几个关键领域:

(1) 需要研究对手能够侵入系统软硬件的机会大小。这可能会导致开展例如全球供应链指标方面的研究, 因为这种指标可以描述在系统采购、升级、远程管理等生命周期环节中的潜在对手的影响。

(2) 基于对手工作因素方面的度量指标已经被研究了一段时间了, 简单的例子就是建议密钥长度随着计算能力的增强在变长。这方面的工作应当继续, 但是在已获得的度量指标的可重复性方面还存在问题。

(3) 需要研究: 对手针对企业采取的防御性态势可能采取的特定攻击的倾向。

(4) 对于对手行动的经济或市场分析可能会为安全有效性提供间接的度量指标。如果一个被广泛使用的关键服务器系统的漏洞入侵代价显著增长, 可以推测说这个系统随时间变得更加安全了, 另一方面对于对手来说系统则更具攻击价值了。这种思路也可能会造成矛盾, 比如对手通过侵害金融服务来获取货币资产这种情况 (一个没有在诱人的目标空间中得到广泛使用的高度安全的系统将会阻止相应的高价漏洞市场的形成)。同样, 这不是一种很明显的企业级的度量指标。然而, 专家们都认为市场分析是一种创新和有趣的研究途径。

(5) 公私部门企业级系统中网络电磁安全建议的影响方面的度量指标。

安全度量指标有助于开展对安全事件的根源分析。对现有事件的研究应当编撰一个度量指标列表, 这些事前已知的指标可以避免事故的发生。

一个长期的扩展目标是提出度量指标和数据采集方案, 来提供具有精算质量的安全相关数据, 这是一个稳健的保险市场在面临网络电磁安全相关风险情况下所必需的。另一个长期的扩展目标是统一信息域和物理、认知以及社会域的安全指标和评估方法。

2.2.5　资源

诸如数据泄漏曝光等行业方面的趋势正在促使开发能够衡量安全系统实现有效性的工具。诸如联邦信息安全管理法案 (FISMA, Federal Information Security Management Act) 和萨班斯·奥克斯利法案等行业规范和政府规定都需要政府和私营企业在 IT 安全方面承担相应的责任, 这些因素将使行业和政府寻求能够提高安全性指标的解决措施。

前面提到过的那些基础问题仍然需要政府在研发方面进行投资来解决, 比如对手能力和威胁衡量等。

2.2.6　成功的衡量

安全度量指标研发的终极成功标志是能够准确可信地预测某一组件、网络或者企业系统的安全性能。中间的过渡性标志包括为风险计算和安全投资决策提供更好的输入。局部的指标评估 (参见其他章节) 能够组合成企业级度量指标的程度也将是成功的一个显著标志。

2.2.7　测试和评估还需要准备些什么

需要测试床及其中的工具来评估所提出的度量指标和模型的描述性、预测性价值及其有效性, 特别是当那些潜在的破坏事件发生时。同样还需要测试基准库来比较新开发的度量指标和模型。虚拟技术和蜜罐环境允许进行 "入侵时刻" 试验性指标的评估, 此时的被测系统与真实系统 (除了真实系统的安全性增强外) 是完全相同的。

评估和试验对于衡量安全相关的事件来说非常重要。评估方法与度量指标密不可分,能够准确衡量而且不影响所关注质量的工具也对度量指标有直接的影响。

2.2.8 能对真实系统测试到的程度

某种程度上,企业本身就是测试床,可以收集对可用性、组织行为的认知,以及对安全问题的反应等数据。为确保衡量方法及相应度量指标对真实系统的适用性,还需要开展大量的原始数据采集和校验工作。

第 3 章

系统评估生命周期

3.1 背景

3.1.1 问题是什么

安全领域缺少能够系统地和经济有效地及时评估产品的方法。没有现实而且精确的评估，将无法衡量应对安全威胁方面的进展，而且还将严重阻碍系统的采办。如果评估所需时间超过了某个特定系统版本的生存时间就将变得毫无用处。适当的生命周期方法学将使我们能用更明智的方式来分配资源，并能够在多种开发和应用中获得一致的结果。

系统评估涵盖了任何测试和评估方法，包括用于评估系统或安全"产品"是否满足其指定关键需求的测试环境和工具。安全产品可能是协议、设备、体系架构、整个系统或应用环境，其安全依赖于产品所署的环境

的安全性 (如企业或互联网), 并且必须在整个系统开发生命周期 (System Development Life Cycle, SDLC) 中得到反映。这样的产品必须满足其规范 (该规范应当遵循强制的安全策略), 而且不会遭受攻击或漏洞被利用导致运行错误或被恶意执行。第二个重要的性能目标可表述为 "不干坏事"。提出的安全产品不应该对互联网上的合法用户或通信造成附带的损害。因此系统评估的生命周期是指贯穿整个系统生命周期 (需求分析、设计、开发与实现、测试、部署和运行, 退役和清除) 的连续的评估。参见 [NIS2008]。

系统开发生命周期 (SDLC) 中的安全评估包括四个应对潜在威胁的主要领域:

(1) 为系统制定明确的安全需求和规范, 每个发展阶段内包括安全特点、过程以及性能需求的详细的描述。

(2) 了解产品是否满足其强制安全策略方面的规范。部分是为了了解产品对规范的满足程度, 确保产品没有可被利用的漏洞。对于系统已经采取强制保密或完整性措施的情况, 则需要验证它限制对手利用隐蔽通道的能力。

(3) 在产品的开发生命周期各个阶段使用测试床、数学模型或仿真进行测试, 以了解产品是否会被成功攻击或绕过。

(4) 制定系统评估流程, 可跟踪和快速重新评估系统的增量式变化, 而不用重复整个评估过程。

一方面, 对产品的独立评估能够降低对卖方声明的依赖, 卖方可能会掩盖一些严重的问题。另一方面, 嵌入式自保证技术 (如携带证明的代码) 也可以用来验证确实具有某些安全性能。

需要系统的、现实的、易用的和标准化的评估方法, 在产品投入使用前客观地量化安全产品的性能, 以及产品将要部署到的环境的安全性。评估技术应当客观地量化贯穿关键系统的整个生命周期的安全态势。评估应当支持研究、开发和运行决策, 以及最大化投资效果。

最后, 评估必须是在真实环境中发生的行为。研究团体缺乏真实敌对行为方面的数据, 包括对手破坏和阻止系统正常运行所使用的技术和策略、系统正常使用模式以及商业关系, 来创建与系统部署环境相似的可用于测试评估的真实环境。同样还缺少用户与系统、安全产品交互时在人类行为方面的了解认识, 而这些认识是必要的, 它可以用于评估人对安全产品的接受程度, 也可以用于在评估过程中模拟人的行为 (如在网络服务器防护评估时模拟用户网页浏览习惯)。

3.1.2　潜在的威胁是什么

对于信息和信息系统的威胁是开展鲁棒性系统评估需求的核心。除了对运行系统的威胁，对手可能还会在系统开发生命周期中的很多方面破坏产品的安全性。系统的复杂性、修改、供应链的不断变化、远程升级与打补丁，以及其他因素都增加了很多新的威胁。

3.1.3　谁是潜在的受益者？他们各自的需求是什么

在系统的生命周期范围内，系统设计师、工程师、开发人员以及评估人员将从得到增强的评估方法中受益，受益者范围从大大小小的企业一直到系统最终用户。尽管这些受益者的需求通常都相同，即防止安全事故，对躲避安全防护的行为作出快速反应，使损失最小化，同时保护隐私，但是他们要保护的系统环境可能差别很大，而且在对可靠性、正常运行和机密性方面的需求也不相同。系统开发人员、用户和管理员是更好的评估方法的直接受益者，同样的还有安全产品的客户 (他们需要可靠的方法来评估所购买的产品)、产品制造者 (如软硬件公司)、研究人员 (他们需要衡量产品是否成功)。有效的评估方法将有力地促进安全的标准化，并将催生独立的对安全产品进行评估和排名的测试机构。表 3.1 对潜在的受益者、挑战和需求进行了总结。

表 3.1　受益者、挑战和需求

受益者	挑战	需求
系统开发人员	将组件组合形成具有可预测的和可靠的安全属性的系统，并有效地跟踪系统安全性随版本的变化情况	用于评估新系统中将使用的组件的鲁棒比较方法。能够对所开发产品的安全性进行认证的系统评估工具、技术和标准
系统所有者和管理员	认识了解他们信息运作和信息资产所面临的风险。采取一种安全的方式来操作和维护信息系统	可在系统生命周期中整个运行阶段评估系统当前状态、系统升级更改的需求及其影响的工具组
最终用户	在网络电磁空间中充满信心地进行各种操作	得到认可并已经实现的在系统生命周期中进行评估的方法，这种方法能够为使用在线的工具和工作环境提供高安全性保障

3.1.4 当前的实际状况如何

安全产品评估是临时性的。如在 NIST SP800-64 (Security Considerations in the System Development Life Cycle) 和微软的 The Security Development Life cycle [How+2006] 中提到的那样，当前的方法学仅仅是重新评估或强调了许多在创建安全开发范例方面并不成功的工具和方法。安全评估既没有标准也没有度量指标可言。产品开发者和供应商在发布前对其产品进行内部评估，采用的是未公开的不同的测试方法。通常实际的评估是在模拟客户环境中进行的，产品供应商通过定期收集的统计数据 (关于实际运行中监测到的和被阻止的攻击) 来模拟构建这种客户环境。尽管这是一种终极的成功标志 —— 即考核产品在真实世界的表现 —— 但这并不足以为客户购买产品提供安全性保证。现实中有很多由于安全设备失效引起的事故 (如 "Witty" 蠕虫感染了某著名安全供应商的安全产品)。此外，以往这方面的努力，如对 "可信系统安全评估标准和通用标准 [ISO1999]" 的评估，曾经因缺乏足够的可对新版系统进行快速重新评估的渐进式方法而备受困扰。

3.1.5 当前的研究状态如何

系统评估方法方面的研究开展的相对较少，研究团体仍然更倾向于开展新颖的防护和攻击方法的研究。必须要研究确定在系统评估生命周期中用来描述系统安全属性的度量指标 (见第 2 章)，缺乏度量指标将使安全产品无法进行比较，也导致现有安全产品仅仅能解决出现过的问题而不能预见和预防未来的威胁。由于必要的指标可能都需要建立在安全产品所针对的威胁特征的基础上，因此指标集可能会很大而且很复杂。

3.2 未来发展方向

3.2.1 采用什么方式对主题进行细分

关于这个主题的研讨是从一个名义上的生命周期模型开始的，这个模型中的系统开发生命周期 (SDLC) 包括：需求、设计、开发和实现、测试、部署和运行，以及退役。在整个生命周期中都需要进行系统安全评估，其中包括针对前一阶段的不断反馈和重新评估。

在多个生命周期阶段中的潜在研发方向包括有:

(1) 研究高性价比的方法,用于确定后续生命周期阶段的安全特征;

(2) 研究对抗性评估技术,用于确定和测试异常的或者无意的可能造成漏洞利用的运行状况;

(3) 开发逼真的流量、对手和环境的模型,这些模型横跨四个对抗域 (物理、信息、认知和社会);

(4) 开发安全测试案例、流程和模型,用于在生命周期的每一个阶段对安全产品进行评估;

(5) 当系统因需求、设计、实现的变化和系统的应用体验而需要版本升级时,对系统后续版本能更高效地进行快速重新评估。

以下将针对各个阶段分别讨论。

1. 需求

(1) 为在生命周期各个阶段如何确定、评估和升级安全需求建立更加完善的基础;

(2) 在需求阶段综合相关的 (当前和预测的) 威胁模型,使最终的需求定义能够评估这些威胁;

(3) 明确系统和环境安全运行的组成要素;

(4) 建立用于表述安全属性的需求描述语言,这样就可以使用自动化的代码分析来获取代码的执行意图和想定。

2. 设计

(1) 能够在共享数据时确保隐私 (即使在数据遭受攻击时),同时强调数据共享的经济性。

(2) 开发更加丰富的流程来产生可用于校验安全声明的数据。

(3) 基于当前的攻击和运行趋势数据开发威胁预测框架。

(4) 相对于系统稳定状态的模拟而言。开发实现对系统安全性非常关键的系统状态 (不寻常或无法预测的) 的模拟。

3. 开发和实现

(1) 研究提出系统评估方法,用于检验系统的实现是否严格遵循需求并且没有引入任何需求之外的东西。如果存在软件规范,那么这件事可以分两步进行: 首先检验规范和需求的一致性,然后检验软件与规范的一致性。关于开发过程中的内部威胁问题也需要考虑。

(2) 研究提出系统检验方法, 通过测试安全声明的方式来检验系统是否能运行。

(3) 研究提出新的编程语言 (是现有编程语言的子集, 或者增加约束) 和硬件设计技术, 来表述安全属性、强化强制性访问控制能力和定义接口, 这样就可以通过自动化代码分析来获取代码的执行意图和想定。

4. 测试

(1) 选取并评估用于评价系统可信性需求的度量指标。

(2) 选取并使用对预期威胁范围和运行环境都很适用的评估方法;

(3) 开发可识别确定系统所有可访问接口 (有意的、无意的和对手导致的) 和系统依赖性的自动化技术。例如, 利用缓存溢出漏洞通常被看作是系统无意接口的一种简单示例。

(4) 开发并应用可在多种条件下测试所有系统相关性的自动化工具。例如, 某些对手可能会利用软硬件间的交互, 这种交互未被正确记录并与时间相关, 而且仅仅在所有软硬件子系统集成后才会发生。

(5) 在测试床采用结构化的方式来开展红队演练, 增强测试的真实性, 将红队理念扩展到生命周期的各个阶段。

(6) 建立不断演进的测试床, 它们可以随着技术、威胁和对手模型的变化而不断升级。

(7) 提升综合性能、可用性和安全性等方面测试的技术水平, 考虑内容包括异常环境 (如极端温度) 和异常运行 (如内部人员的错误操作) 这类超出了系统预想的运行范围但与系统安全性测试相关的情况。

5. 开发和运行

(1) 提出并使用能够对实际运行指标和设计要求进行比较的评估方法, 为各个生命周期阶段提供反馈信息。

(2) 提出可识别系统、威胁或环境等方面变化的方法, 这些变化都需要对系统安全性进行重新评估, 以验证对系统安全需求的满足程度。

(3) 定义并统一部署鉴定和认证方法, 用于提供系统在给定需求条件下的真实的安全性估值。

6. 退役

(1) 提出生命终期评估方法来检验整个生命周期中安全需求是否全部被满足。其中还包括要确认对手无法从退役废弃的安全产品中获取有用信息或设计方面的知识。

(2) 根据产品或系统的生命终期分析提出并公布威胁模型。

3.2.2 主要的研究差距是什么

一个主要的差距是缺乏对威胁域的知识和了解, 而这正是提出真实安全需求所需要的。造成这种差距的原因, 一方面是缺少对于各种威胁和威胁等级的普遍可用的流量数据 (包括合法的和威胁攻击产生的), 另一个大挑战是缺少可靠的方法去评估各种攻击的有效性, 相应的也无法评估针对这些攻击的防御措施的有效性。

另一种挑战是不清楚真实性对测试和评估的影响程度。例如, 在 100个节点上应用真实流量数据是否可以用来预测 10000 个节点的行为? 又是面对什么样的威胁呢? 一些大型的混合测试床可能需要综合真实的、模拟的和仿真的实体来进行测试, 以在测试的准确性和测试床的开销、可扩展性等方面获得灵活的权衡。这样做的话, 就需要系统负荷估计工具和负荷分配工具来为大型测试床设计实验 (一个简单的例子是恶意软件研究测试床通常需要真实的主机系统但使用模拟或仿真方式构建网络连接关系)。DETERlab 测试床 (cyber-DEfense Technology Experimental Research laboratory testbed, http://www.isi.edu/deter) 也与此相关, 它是一个供研究使用的通用实验基础设施 (http://www.deterlab.net)。

此外, 对什么样的威胁采用哪种评估方法, 这方面的认识也很缺乏。例如, 形式化推理和模型检测可能对软件适用, 但是对于路由威胁可能模拟的方法更加有效。最后, 还没有建立起同行评议机制来对评估机制和建议进行审阅和验证。

3.2.3 本主题研发中的典型问题是什么

解决当前安全性评估方面面临的问题的一些可行研究方向有: (a) 能够增强贯穿整个系统开发周期的评估能力的系统体系结构; (b) 为组件、子系统和整个企业系统制定安全度量指标和基准; (c) 开发可在测试床和模拟系统中方便地复制真实环境的工具; (d) 逼真的对手模型, 其中包括对手对于安全防御态势变化可能做出的反应; (e) 能够将这些要素综合集成的各种方法。

本领域中构想的工程项目包括:

(1) 开发高效经济的方法及相关支持工具, 以进行及时的评估并能快速跟踪系统增量变化的效果;

(2) 在政府管理下创建攻击数据知识库或使数据合法化, 就像 PRE-DICT 知识库一样 (http://www.predict.org)。研究更好的方法使模拟器和测试床更加真实;

(3) 研究系统可扩展性何时以及如何起作用, 研究真实性 (或模拟器) 何时以及什么样的真实性起作用, 研究什么样的测试对什么样的威胁和环境起作用, 研究针对系统和网络健康状况以及攻击成功能力的简单衡量指标;

(4) 研究提出针对系统和网络健康状况以及攻击成功能力的更加详细的衡量指标, 制定提出测试基准和标准化测试方法。

(译者注:PREDICT 全称 the Protected Repository for the Defense of Infrastructure Against Cyber Threats, 是一个由网络安全相关运行数据提供者和网络信息安全研究者组成的研究团体, 维护了一个集中式的知识库, 可为开发者和评估这提供不断更新的与网电防护技术相关的网络运行数据。)

3.2.4 什么样的研发是可持续的、基础性的、高风险的, 甚至是革命性的

伴随着系统安全性评估工具、方法学、度量指标方面研发工作的不断进展, 对短期项目 (也包括长期研究) 的效果评估也需要不断迭代和改进, 前面提到的许多项目和挑战中都涉及短期和长期的含义。

不断演进的、相对短期的研发挑战包括:

(1) 定义可检验的可信性需求参数集, 提出改进的需求评估模型;

(2) 设计能在测试床和仿真系统重建真实场景的方法, 同时能够兼顾在费用、可扩展性和准确性方面的灵活权衡 (也包括更好的大型测试床试验设计方法);

(3) 提出诸如抽象模型等表述方法来描述威胁, 使设计人员可以据此拟制详细的规范说明;

(4) 开发用户接口、用户工具等, 使用户具备开展复杂评估的能力;

(5) 开发随技术发展不断增长的工具集 (如支持 64 位计算,IPV6 等);

(6) 为性能、可用性和安全性综合测试开创更好的测试技术;

(7) 研究认识测试过程中的真实性对评估的影响程度, 以及可实现且有用的真实性的类型。

长期、高风险的研发挑战包括有:

(1) 在并跨越协议模型的各个层次, 开发提出各种网络元素和网络类型的正确运行模型;

(2) 基于以上正确运行模型, 研究提出攻击有效和安全性的度量指标;

(3) 提出标准化测试所需的评估基准;

(4) 研究认识在面对特定威胁时, 各种评估方法 (仿真、模拟、试验部署, 模型检测等) 的优点和局限性;

(5) 管理控制测试环境中的风险 (如其中包含的恶意软件);

(6) 提出更好的跨越各个网络电磁冲突域的安全性测试技术;

(7) 研究提出能够系统性解决所有紧迫问题的综合的、高效费比的测试方法和工具, 包括能够促进可扩展可信性 (见第 1 章), 生存性 (见第 7 章), 对内部开发人员不正确使用的容错性 (见第 4 章), 系统渐进式改变后快速重新评估, 以及其他需求中对形式化方法的合理运用等。其中形式化方法的应用潜力在过去 40 年来已显著增加, 在所有可能有显著效果的应用场合都应当考虑。

3.2.5　资源

学术界和产业界应当合作共享流量、攻击和网络环境方面的信息数据, 联合制定安全性评估标准和度量指标, 联合设计出安全性评估环境的真实性标准。

政府应当在委托授权、规范管理和推动促进这些合作方面有所作为, 尤其是对数据共享。数据共享的合法边界问题必须得到解决。一些产业部门出于法律责任方面的考虑可能不愿意共享脆弱性数据, 也有可能是出于隐私和客户方面的考虑, 例如, 在公共边界上进行数据共享时, 共享的数据可唯一确定某客户个体。政府还应当提供更加完整的威胁和对手能力模型, 用于制定评估和测试标准。

其他政府部门应当开展的工作还有:

(1) 提出经验证正确的安全性评估方法, 作为技术转移的国家或国际标准, 同时该方法基于当前普遍应用的仿真和测试床技术应当能实现。产业界应当受到市场激励去推广使用这些方法。

(2) 组建认证机构, 用于对市场产品进行评估, 并公开对产品进行等级排定, 其中使用的评估方法是可立即进行技术转移的。

(3) 创建一个国家网络电磁安全公告牌 (National CyberSecurity and Safety Board), 用于从各个组织结构收集攻击报告, 并以一种不损害隐私的方式共享。该公告牌也能进行共享授权。另一种方式就是建立起一个预报式的知识库来进行攻击数据共享。还有第三种方法则是发展基于市场激励的数据共享环境。

(4) 以一种全新的方式资助学术界和产业界的合作。学术界难于找到愿意致力于技术转移的产业界合作伙伴，一种新的方式是由政府出面从各个领域寻找一些合作伙伴，如企业、互联网服务提供商 (ISP)，政府网络、SCADA 设施、安全装置制造商等。这些合作伙伴将忠实地为评估领域的研究者提供数据，并提供一些由其他领域 (如关键系统可用性解决方案) 项目开发的技术的小规模试验部署。这样，各种研究中的评估方法就能够与实际部署的评估方法进行比较了。没有这种与真实情况的比较，将不可能开发出好的评估方法，因为评估必须能够正确预测出真实的情况。

3.2.6 成功的衡量

成功的一个重要标志将是诸如 NIST 或 ISO 组织采纳了一致的系统安全性评估框架、方法和工具。系统开发人员能够基于产品评估结果来从不同供应商选择所需的系统组件，这些评估结果都是基于得到广泛认可和成熟的评估方法得到的。基于标准测试的性能测试结果来直接比较不同供应商的产品将成为可能。

3.2.7 测试和评估还需要什么

采用新的开发和评估方法，灵活、可扩展、安全的大规模测试床将能开展高度逼真的产品测试。

3.2.8 能对真实系统测试到的程度

由于系统评估必须在系统生命周期的各个阶段进行，应当有机会可以在真实系统上低调隐性地测试新的工具和方法。

第 4 章

应对内部威胁

4.1　背景

4.1.1　问题是什么

当前的网络安全手段一般而言都是针对组织外部威胁, 很少针对由组织内部不可靠的个人所带来的威胁。但经验告诉我们, 内部同样也存在巨大的威胁。

(1) 受信任的 "内鬼" 是造成商业银行损失的主要因素之一;

(2) 一些众所周知的情报机关间谍, 如 Aldrich Ames (前中情局雇员, 1985 年开始为克格勃工作, 1994 年被捕, 出卖了至少 10 个为中情局工作的苏联官员)、Robert Hanssen (前联邦调查局雇员, 1979 年开始为克格勃工作直至 2001 年被捕)、Jonathan Pollard (前美海军犯罪调查局雇员, 1984 年开始为以色列工作直至 1987 年被捕), 对国家利益造成了巨大的不可挽回的损失;

(3) 很多案例中, 违章操作的内部人士经常是系统管理员、操作者或具有其他特权的人。

本章关注的是网络电磁系统的内部威胁, 并且提出了有助于解决这些威胁的关键研究的路线图。大体上通过以下方法可以减轻内部威胁: 主动记录和监视关键系统的用户; 排查重点嫌疑对象; 记录无权用户使用数据和服务的情况; 最终在收集可行的反情报措施与合法的证据后, 隔离经确认的恶意用户以控制损失与信息泄露。

目前有很多关于 "内部威胁者" 的不同定义。本章讨论的 "内部威胁者" 主要指系统中滥用被赋予权利的个人。定义中的个人既包括伪装成其他人的人员, 滥用职权的背叛者, 被诱骗从事非法行为的人员也包括无意或者有意误用授权的工作人员。内部威胁者可能使用各种软硬件来实现自己的利益, 但本章内容主要考虑人的行为, 至于软件代理及其他形式的恶意软件、硬件, 或者电子内部威胁, 将在第 5 章应对恶意软件和僵尸网络中提到。

内部威胁与时间和空间密切相关, 可能出现在每个抽象的层中, 比如一个用户可以是一个物理上或者逻辑上的内部威胁, 抑或两者都是。威胁模型必须是规则驱动的, 因为没有一种定义能符合所有的情况。

未授权的外部及内部威胁者需要努力摆脱安全控制以获取系统资源, 与此不同的是, 被授权的内部威胁者有权并且可以几乎不受限地访问计算资源。另外, 那些受到高度信任的内部人员, 诸如设计、维护以及管理关键信息系统的人, 需要受到特别关注, 因为这些人具备滥用系统或者搞破坏所必需的技术和访问权。这类人的典型有系统管理员、系统编程人员和安全管理员, 当然普通用户也有可能获得类似的特权 (通常因为程序设计的缺陷或使用的中的漏洞)。因此, 内部威胁者可分为不同的类别。

4.1.2 潜在的威胁是什么

内部威胁通常是指对于系统机密性和隐私的威胁, 比如数据泄露。然而, 其他安全性指标, 如完整性、可用性、可靠性等, 也可能因内部入侵而受到威胁。内部威胁存在于系统生命周期的各个部分, 不仅在设计及研发阶段, 在系统运行及休眠阶段 (比如, 新的系统管理员或开发者也可以成为潜在的内部威胁) 也同样存在。

4.1.3　谁是潜在的受益者? 他们各自的需求是什么

本研究的受益者包括运行着最高等级机密系统的国家安全部门, 需要分享敏感的非保密信息或者受控非保密信息的国土安全部官员, 处理敏感和有价值信息的医疗、金融等相关部门。很多系统, 特别是关键基础设施的运行中, 完整性、可用性及全系统的生存性等最重要的安全需求, 都可能由于内部威胁者而遭到破坏。

受益者的安全需求可能包括在整个生命周期中能够防止并检测恶意的内部威胁者的工具和技术、能够降低恶意的内部威胁者破坏后果的措施、安全计算技术方面的教育和训练、对内部威胁行为的人工监测, 以及强健的系统以发现并弥补内部漏洞。尤其要求能够对付多个内部威胁的协同攻击, 包括检测潜在的滥用权力行为并采取应对措施。

4.1.4　当前的实际情况

目前应对内部威胁主要采取以下措施: 安全意识教育、背景检查、操作培训、身份管理及用户认证、权限审计及网络监控、双人控制、应用层行为记录及监控和通用接入控制等。但是这些措施常因为实施中代价过大、动力不足以及效果不明显等原因, 难以持续、严格地执行。比如, 大范围的身份管理可以提高网络的抗抵赖性和增加对威胁者的威慑力, 但是对一个内部威胁者滥用合法赋予的权利却没什么用处。

接入控制技术可以减少但不能完全消除内部威胁。最常规的技术是多层次安全 (MLS, Muitilevel Sercurity) 技术, 这是一种强制接入控制 (Mandatory Access Control, MAC) 技术, 可以防止低权限人员接触高等级敏感信息; 另外, 多层次完整性 (MLI, Multilevel Integrity [Bib1977]) 技术可以防止信任度较高的实体受到信任度较低的实体的影响。但除了在一些非常特别的环境以外, 这些应用都因为太繁琐而影响了其推广应用, 即使在特殊环境中, 这些应用的运行系统现在也不完善。在典型的商业环境中倾向于使用无条件的接入控制技术, 也就是说系统中的管理员或管理员团队可以按照需要决定允许或拒绝他人接入。无条件的接入控制 (Discretionary Access Control, DAC) 不能防止有读取权限的用户将数据复制并将复制的数据带出脱离受控系统, 也不能为系统和数据的完整性带来足够的保证。这方面的背景资料和其他有关安全相关的问题可以阅读文献 [And08, Bis02,

Pfl03]。

文件和磁盘加密也有助于抵御内部威胁, 因为即使拥有授权的 "内鬼" 也不能威胁到其他授权用户的加密数据。安全分割、K out of N 授权、零知识证明等技术也是有效的, 但是如果需要转化为商业产品, 还需要在技术上进一步提高。

4.1.5　当前的研究状况怎么样

虽然一些研究可以追溯到 40 年前的接入控制技术, 但是针对内部威胁方法技术的研究主要还是在近 10 年到 15 年内开展的。这些技术还需要按照威胁与可能带来的损害进行分类整理, 以下列出当前比较重要的一些研究情况信息:

(1) 在 2008 年有关对抗内部威胁的 Dagstuhl 夏季研讨会上, 有关论文被编辑成了一本书, 在这本书对很多领域的研究进行了评估。

(2) 达特茅斯学院信息基础设施保护研究所正在进行内部威胁与实体管理项目的研究, 比如: 虚假网络和蜜罐系统, 针对内部威胁的用户相关检测和网络定位, 基于行为的接入控制等等。项目组在 Idtrust 2009 会议上发表了 3 篇论文。可参见第 6 章的参考文献。

(3) 卡内基·梅隆大学发表了两篇报告, 一篇关于政府中的内部威胁, 另一篇关于金融方面的内部威胁。

另外, 相关的研究信息还有: 美国 DoD 的 "信息系统的内部威胁" 报告, 有关最优方法的研究, 哥伦比亚大学的多篇论文和一本有关内部威胁的书籍, 国家安全局 (NSA)/ARDA 项目 (IARPA) 有关保密和内部威胁的报告; 还有关于用户命令模型的 Schonlau 数据库 (www.schonlau.net) 也与此相关。

4.2　未来方向

4.2.1　如何对本主题进行细分

应对内部威胁的行为可以分为以下六类: 采集数据与分析 (监控)、检测 (提供动机和数据)、威慑 (最重要的目标是防止)、保护 (维持运行和组织)、预测 (分析威胁和攻击) 以及反应 (减少内部威胁的机会、能力以及动机和信仰)。上述六类行为又可以分为三类: 采集分析与检测, 威慑和保护, 预测和反应。

4.2.2 主要的研究差距是什么

目前在应对内部威胁方面还存在一些不足需要弥补, 还有一些问题需要深入研究, 主要有:

(1) **检测**。在政策制定和自动化检测 (比如, 基于角色的接入控制等其他技术) 等方面需要更好的机制。这些机制必须具备严格和精确的语义学定义才可以使用 (过去的一些有关数字版权管理方面的研究与此有一些非直接的关联)。

(2) **针对内部威胁虚警的响应策略和隐私保护**。特别是, 实施行为模型共享的隐私增强技术以及高级隔离技术, 以强化对内部嫌疑犯的监控并降低损失。

(3) **基于行为的接入控制**。

(4) 在开放网络上的诱饵、欺骗及 tripwires (公共域工具, 帮助系统管理员和用户监视指定文件组上的任何变化) 技术。

(5) **诱饵 (或真实) 文档中的标记技术**。Adobe 和当前类似的平台在启动和文件打开的时候都会产生大量的网络活动, 潜在允许文件标记。

(6) **更加广泛深入的监视及描述技术**。在检测可能的误用时可与修补技术结合使用。

(7) **可供追溯的文本或服务的可控水印技术**。

(8) **可用数据**, 研究需要更多和更加真实的用于试验的数据。

(9) **紧急处理的程序和技术 (应急机制)**, 紧急处理的程序和技术在基本上所有能想到的项目中都是需要的, 而且需要根据不同应用进行定制。这对医疗、军事以及其他有关生命安全的需要紧急接入的情况和应用非常重要。目前存在的主要障碍是缺乏动力去研发和使用全面接入控制技术, 此外, 紧急处理程序可能被隐藏的或正在实施危害的 "内鬼" 所利用。总的来说, 紧急处理程序和技术需要与规则条文密切相关。

(10) **从安全系统中学到的经验**。比如, 在程序控制软件中, 使用独立的安全系统以确保一旦出现控制失效或其他预料不到的原因导致的特定参数超标时, 可以安全地关闭程序。信息系统中的类比保护机制可以确保特定的操作无法执行, 无论发起者的权限有多高。类似的还有经常结合使用的最小通用原则和最小权限原则以及安全重启和自我保护监视等。

(11) 从用户的角度看, **安全性**和**可用性**都应该同时具备, 尤其是考虑到内部威胁, 对于一个用户而言, 除非它已损害到系统的完整性或其他用户, 否则不应该被视为有威胁的 (在第 11 章中有关高可用度交互的主题与此相关)。

(12) **隐私**是非常重要的考虑因素, 具体需要与不同组织中的有关规定相适应。

(13) **现有的接入控制技术**从阻止内部威胁的角度来看都并不够仔细和深入, 即使这样, 连现有的技术也没有全面被使用。现在还需要更好的主动监控 (检测与响应) 和被动监控 (事后分析及取证)。需要注意的是那些机制 (阻止/监控/记录/归档) 自身必须能够抵御攻击, 特别是有时那些保卫者本身就是内鬼。搜集足够的合法证据本身就是一项威慑行为。最后, 取证程序和取证信息必须独立于系统之外。

以下的一些技术, 如高级的细粒度的 (fine-grained) 差别接入控制、基于角色的接入控制、对于角色的特点、责任与功能的细致描述、最小权限的原则, 应当与有效的加密技术 (如基于身份的加密和基于属性的加密) 结合, 或者结合细粒度的策略作以上技术的合理集成。

4.2.3 本主题研发中的典型问题是什么

以上列出主要类别和部分潜在的解决方式在表 4.1 中列出。

表 4.1　潜在的应对内部威胁的方法

类别	定义	潜在的方法
获取、分析与检测	了解、确定威胁与潜在的风险	针对内部威胁的全方位误用行为检测
抵抗与保护	抵御内部威胁的滥用行为的带有特别策略的可信系统	具有多层次接入控制的安全系统
预测、反应	发现 (不是防止) 内部威胁的滥用行为后的补偿机制	对可能的后续动作和风险的智能反应

1. 采集与分析

(1) 需要建立内部威胁的表现特征及行为数据库。当前, 几乎还没有内部威胁表现特征的数据库, 部分原因是受害人很少会把细节讲出来; 另外部分原因是很多案例的知悉范围非常有限。什么数据需要采集, 这些数据怎样变得可用 (公开或者其他方式), 需要详细研究 (比如通过可信的第三方)。

(2) 系统需要具备可审计的机制, 可以采集及分析审计级数据。

(3) 可以反映正常和异常的内部威胁行为模型, 特别是, 要将过去克服内部威胁的经验也考虑在内。

(4) 应对内部威胁的工具和技术的比较和度量方法。

2. 检测

(1) 及时有效地检测内部威胁的滥用及令人怀疑的行为。

(2) 用于检测有害内部威胁行为的数据挖掘、建模和描述技术。

(3) 需要更好的技术来通过严格的审查确定用户意图, 而不能仅检测用户行为相对特定策略的偏差。

(4) 预测和检测需要有效集成。

3. 威慑

(1) 满足足够可靠的细粒度的接入控制以及相应的详细的审计技术, 审计报告应缩减到最高限度, 确保不泄露信息。

(2) 威慑策略需要研究并改进, 训练内容也需要包括诱骗技术的使用。

(3) 提高威慑的力度, 比如抓获的风险提高, 被抓获的概率变得更大, 有效实施的代价减小和降低用户使用的不满意度。在此也应考虑调查员的职能。

(4) 鼓励使用匿名自爆家丑的行为, 营造一种平等的误用检测和监测氛围。

(5) 需要采用一种多学科的方式, 综合考虑社会、伦理、法律问题以及人的因素。

4. 保护

(1) 采用生命周期的视角有助于为特定的目标和策略建立安全边界, 并在其中识别所有的潜在内鬼 (参见系统生命周期评估章节)。不过需要注意的是在许多案例中, 内部和外部之间并没有明显的区分界限。

(2) 对用户不间断的审计和再审计有助于揭掉内鬼的伪装。

(3) 系统的体系结构需要全面支持最小权限的原则, 采用这种原则可以有效抵御内部威胁。采用最小通用机制的原则在限制功能和降低系统损坏方面也非常有用。通过将特权拆分可以避免用户权力过大, 比如 Trusted XENIX 系统采用的接入控制机制。类似 K out of N 的认证机制和允许进行多级安全控制的新方法都可以借鉴。

(4) 欺骗、分类管理以及采用更加隐蔽的特定保护机制对识别内部威胁会有帮助。采用的陷阱应具有明显性、可信性, 具备一定的区分度 (便于好人区分), 不干扰正常的行为, 并需要动态变化。

(5) 在对抗多个有组织的内部威胁方面, 还需要新的研究。比如, 发展应对具有多个内部威胁组织的系统性的防御机制。

(6) 为防止内部威胁物理侵入系统, 还需要采用防篡改技术。这些技术在应对逻辑侵入时也是非常有用的。类似的技术可以参照核安全核查中采用的部分手段。

(7) 系统完整性和数据完整性都需要采用保护措施, 相对于防范外界攻击, 应对内部威胁需要更加精细的防护手段。另外, 还需要采用操作审计和复原机制以应对完整性故障。需要注意, 在这里不仅需要物理意义上的措施 (如一次性写入技术), 也需要逻辑意义上的措施 (日志结构的文件系统)。

(8) 需要能够详细描述并确保用户权限的技术, 特别是针对每个用户对每个对象所申请和被授予的权限情况进行描述的可视化技术。这种技术不仅可以描述逻辑上的权限, 也可以描述针对物理实体的访问权限。

(9) 需要一种机制, 可以防止在整个系统中权限的非法提升 (如, 串行接入技术可能导致敏感数据遭到未经允许的访问)。需要注意的是, 信任和授权都不是过渡操作。

5. 预测

(1) 需要多种预测模型, 比如内部威胁滥用行为的风险指示模型、动态先验指示模型, 以及确定与此相关的行为的能力 (如潜在的可能后果等)。

(2) 基于系统操作及配置的变化, 预测系统部件对特定内部攻击行为的敏感性的动态分析技术。

(3) 对 "良好" 行为和 "恶劣" 行为的描述技术, 这两种技术都很有用, 但是目前的研究还不够, 需要进一步研究新的技术。

(4) 为得到更确切的预测结果, 需要开发新的技术, 包括通信、用户行为和信息的分析技术。另外, 预测必须分析用户或其代理人的行为与目标。

6. 反应

(1) 能够在察觉到滥用行为时自动采取补偿措施, 而不影响系统的正常运行, 不干扰其他用户的正常工作。比如在滥用行为被发现后采用的先进的自动降级和系统修复技术。

(2) 对潜在的内部团伙威胁行为的针对性检测机制和应对策略。

(3) 系统地集成防御和响应机制能有效化解内部攻击, 比如在应对具备躲避现有检测策略能力的内鬼时, 一种策略是采用不可更改技术 (如一次性写入技术) 以及不能绕过的审计措施; 另一种策略是采用必须经过物理接触才能更改的安全机制, 类似于高安全度的连环锁。

(4) 在发现内部威胁后采用的集成响应机制, 如对网络上潜在的内部威胁行为、敌人的来源和采用的手段等进行取证, 为最终的法律手段提供证据。

(5) 对信用等级的评定机制, 集成于系统中的前向安全措施, 以及简化的实时反应手段。

(6) 在研究应对内部威胁的技术中需要注意的是, 以上的各类机制是相互关联的。在表 4.2 中罗列出了一些研究的差距、研究的目标、利益和时间段。

表 4.2   差距及研究目标

现有差距	研究目标	效益	时间段
缺乏精细的接入控制技术	更好的机制、策略和监管手段	更好的针对内部滥用行为的检测和防止机制	近期到中期
缺乏内部滥用行为的识别检测技术	更好的检测工具	更精确的内部威胁检测方法	近期
补偿机制还存在部分难题	集成精细的、连续的监测手段和反应手段的混合策略	针对检测到的滥用行为的灵活响应机制	远期

4.2.4 近期、中期及远期的研发目标

1. 近期

(1) 梳理和比较现有与内部威胁相关的研究 (检测);

(2) 研究数据采集技术并开始采集数据 (检测);

(3) 评估现有基于角色的接入控制技术以应对内部威胁 (保护);

(4) 研究防篡改方法 (保护);

(5) 研究可能的与数字版权管理 (DRM) 相关的技术 (保护)。

2. 中期

(1) 研究特征抽取技术及机器学习技术以发现局外人 (检测);

(2) 研究可在角色及系统设置变化时能够精确地、无遗漏地了解用户

权限分配的工具 (检测);

(3) 研究可靠和结果可比较的内部威胁保护评估措施 (检测);

(4) 研究更好的隔离内部威胁的方法;

(5) 研究欺骗技术的关联性和效果 (保护);

(6) 在系统管理和系统体系结构中集成完整性保护措施 (保护);

(7) 研究基于行为的安全技术, 比如高级诱骗网络等 (保护);

(8) 研究并采用多种风险指示手段 (反应)。

3. 远期

(1) 建立保证最小权限原则有效实施的技术 (保护);

(2) 发展可应对多个有组织内部威胁的技术 (保护);

(3) 研究在体系结构上具备防范内部威胁的系统 (保护);

(4) 采用可以限制内部威胁的加密措施 (保护);

(5) 研究自动陷阱生成技术 (可能依赖于自然语言理解技术的进一步发展)(保护);

(6) 研究基于用户、代理人和行为的内部威胁预测技术 (反应)。

4.2.5 什么样的研发是可持续的、基础性的、高风险的, 甚至是革命性的

可信技术、现有的接入控制、审计、行为监控技术的智能化应用只是技术的综合运用和简单提升。从长远看, 满足需求还需要革命性的新技术。

1. 资源

研究, 试验测试床以及评估技术将是非常关键的。

2. 成功的衡量

度量系统应对内部威胁的能力需要采用多种测试方法。有些是通用的方法, 有些是针对特定的应用软件和系统的特定方法。需要定义一些指标来衡量不同认证方法和授权方法对于内部滥用的防御效果。比如, 如何从应对滥用的能力、可用性和有效性等方面, 测试基于可信加密、生物测试技术、应用差异化接入控制等不同技术解决问题的程度? 对于内部滥用行为的可检测性和审计痕迹的不可避免地也同样需要有效的测量指标来衡量。

这里另外让人感兴趣的问题是, 在多大程度上可以将本地测试的结果

综合得到企业级测试的结果。

3. 能对真实系统测试到的程度

(1) 对应对内部威胁的技术和策略的评估非常需要真实的数据。获取这些数据需要通过比较安全的方式。这需要测试床和可导出匿名数据的数据库 (一般来说, 匿名本身就是比较复杂的问题)。

(2) 红方 (指模拟威胁的测试团队) 可以有助于内部人员了解内部威胁的攻击方法并可以有效测试相关的减灾解决方案。

(3) 真实可靠的模拟内部威胁者的攻击以及对于系统的影响。

(4) 内部威胁从统计意义上说是小概率事件。在许多案例中, 虽然表征相似, 但内部威胁者的动机和手段都是独特的。因此, 必须专门去研究和了解这些孤立事件的方方面面。另外, 虽然内部威胁事件很普遍, 但很少被检测及报道出来。如果资金受限, 要能知道对哪些特定滥用事件提高检测概率才更有效果。

(5) 在训练中引入陷阱等手段是非常有用的。

第 5 章

应对恶意代码和僵尸网络

5.1 背景

5.1.1 问题是什么

　　恶意代码指一系列可能被设备载入的具有攻击性的软件或者硬件, 在不为合法拥有者所知的情况下, 让设备按照敌方的意图运行。当前, 典型的恶意代码主要包括: 病毒、蠕虫、特洛伊木马、间谍软件和其他有害软件。间谍软件是恶意代码的一种, 可以在暗中跟踪并将数据传送给未经授权的第三方。僵尸 (bots, robots 的缩写) 是悄悄安装在目标系统上的恶意程序, 可以允许非授权的用户远程控制机器, 从而达到各种非法的目的[GAO2007]。僵尸网络指系统中的设备都被僵尸病毒感染, 受到敌方的控制。

　　系统可能通过多种途径被恶意代码感染, 包括受已感染病毒的设备感染, 欺骗用户打开感染文件, 吸引用户访问传播恶意代码的网站。恶意代码不仅可以通过 USB 设备进行传播, 还可以在使用嵌入式系统或者应用嵌入式计算逻辑的设备和组件之间传播。比如, 在工厂中, 被检测的设备可以被受到感染的测试设备感染。简而言之, 恶意代码可以在设备生命周期的任何一个环节被注入。万维网是恶意代码传播的最主要的途径, 典型的情况是, 恶意代码被注入到合法的网站中, 并以此为媒介感染合法的访问者。

大量案例显示, 很多恶意代码并不仅仅感染特定的操作系统和某一类设备。外设 (比如数字图像设备、硬盘等) 中存在的恶意代码可能感染系统 (生命周期攻击)。目前, 不断增多的家庭信息化应用都是脆弱而易受感染的, 如新闻中报道的一种高端咖啡机可能受到潜在的入侵 [Thu2008], 这些设备基本不能打补丁。表 5.1 总结了恶意代码的传播机制。

表 5.1   恶意软件传播机制

恶意软件传播机制	例子
生命周期	开发者写的代码有漏洞, 或者故意留有后门, 或者使用了受感染的开发套件
扫描和渗透	大量蠕虫的自动传播
受感染的设备	受感染的 USB 设备、CD/DVD、图片等
病毒文件	电子邮件附件
Web 方式	恶意网站诱惑用户下载感染文件 (比如: 最新的恶意软件可以通过访问恶意站点而感染系统, 或者利用跨站脚本引导用户访问恶意站点)

潜在的可能受到感染的系统包括用户终端设备、服务器、路由器和交换机等网络基础设施, 以及诸如监控和数据采集系统 (SCADA) 之类的过程控制系统。

在政策层面, 人们可以合理质疑商业法案中有关商业行为和恶意软件之间的条文, 另外, 现有的商业软件应用中 (比如, 数字版权管理 (DRM)) 也可能产生类似恶意软件后果的现象 [Schu2005, Hal2006]。

可以想象, 黑客们将来会开发出新的感染机制, 或者是通过发现现有系统中安全性漏洞, 或者是通过新兴的通信或者计算体系中存在的漏洞。

无论是否可能, 技术方面的挑战包括以下方面:

(1) 不让任何恶意软件在系统中运行;

(2) 在恶意软件首次运行时就检测到;

(3) 一旦恶意软件在系统中自动安装了, 限制其对整个系统的损害;

(4) 在恶意软件存在的条件下, 保持系统安全、有效地运行;

(5) 在发现恶意软件的情况下确定系统运行的风险;

(6) 当发现恶意软件时, 可以将其清除 (补救), 并监控和确定其来源 (攻击归因)。(补救措施通常要在完成恶意代码的攻击归因之后进行, 蜜罐技术在这方面是有用的)。

2009 年 8 月, 国家安全局 (NSA/ODNI) 在新墨西哥州的圣达菲召开的混合系统中的计算网络电磁安全研讨会 (http://www.c3e.info), 就是在该研究方向的一个典型的里程碑。

5.1.2 潜在的威胁是什么

恶意代码是信息时代中受到重点关注的问题, 在本书的多个章节中也被提及。影响范围可以从单机到整个网络, 损害严重性可以从轻微到致命, 产生的后果可以从影响系统运行到数据结构变化及篡改。间谍软件会导致敌方窥视用户的行为 (比如, 盗窃用户的机密信息及识别口令等信息); 僵尸软件可以导致敌方控制系统中的大量计算机, 从而提高其破坏能力。恶意代码和僵尸网络的影响包括: 垃圾信息、分布式拒绝服务攻击 (DDoS)、流量嗅探 (Sniffing)、点击欺骗、系统稳定性受损、系统保密性受损、系统数据完整性受损、(用户) 失去接入系统的能力 (比如, 被识别成僵尸网络节点而被 ISP 或系统管理员拒绝接入, 造成对一个个受害主机的有效 DoS) 等。大量的网站 (比如, 非常受欢迎的社交网站系统、论坛和社交网络) 允许用户上传信息, 如果这些信息没有被严格地检查, 可能会导致一些垃圾信息被上传并被很多人下载。

除了自身的危害以外, 恶意软件本身也会导致严重的经济和国家安全问题。恶意软件可能使敌人控制关键计算资源, 比如, 可能会引起信息失泄, 破坏基础设施系统, 或使设施运行不稳定 ("拒绝控制"), 甚至导致金融市场被操纵。

恶意软件也可能损害关键信息系统中的特定节点, 如攻击域名服务系统 (DNS) 等, 从而将访问引导到恶意网站, 造成大量中间人攻击和拒绝服务 (DoS) 攻击。DNS 系统如果被攻击成功, 将导致敌人截获数据或将访问重定向到恶意网站去, 或造成服务器被欺骗。除此以外, 还可能存在选择性或定时的拒绝服务攻击。从 DNS 中删除一个网站的地址要比用洪泛方式引起阻塞连接容易得多。以上因素, 催生了最近的一个强制性规定: 在.gov 域中强制使用 DNSSEC, 在 DNS 根服务器上推荐应用 DNSSEC。

对手在活跃的黑市上买卖系统漏洞和出租僵尸网络 [Fra2007], 这些僵尸网络可以应用于大规模分布式攻击、散布垃圾邮件, 以及通过高级的钓鱼攻击盗窃敏感数据, 比如安全凭证、金融信息以及企业专利信息。僵尸网络的使用使得对那些极端危险分子的追踪取证非常困难, 在全部威胁中, 僵尸网络为对手提供了强大的资源和数字火力, 并使监视敏感网络成为可能。

恶意软件通常在企业和互联网传播, 但是也会影响控制系统和其他基础信息系统, 比如, 一般认为控制系统不会被蠕虫感染, 但 2003 年, 俄亥俄州的戴维斯 - 白斯核电站的报警系统受到 "斯拉姆" 蠕虫的感染 (当时电厂系统和互联网物理隔绝)。2003 年, 蠕虫的传播加重了美国北部大停电并延缓了故障的修复。有理由相信, 病毒制造者正瞄准嵌入式系统和关键业务系统, 比如电力系统中应用的先进测量基础设施 (Advanced Metering Infrastructure, AMI)。

另外存在的后果是需要恢复被感染的设备。从 ISP 的角度来看, 最大的问题是处理用户的业务支持请求, 获得并分发反病毒 (antivirus) 软件、降低用户的不满等, 对于一些对售后服务要求很高的政府应用来说, 清除感染可能需要更换系统的部件/硬件。

5.1.3　谁是潜在的受益者? 他们各自的需求是什么

恶意软件理论上会对任何使用计算机和信息系统的用户造成影响。清除恶意软件 (比如, 清理感染的机器) 即使对有经验的管理员来说也是困难的任务, 对于个人和一些 SOHO 用户来说, 经常会超出他们的能力。在本章节讨论的近期需求主要是一些快速、可度量、可用和廉价的恶意软件清除方法以及针对感染系统的更高效的检测和清理技术。在表 5.2 中列出了对应的用户、挑战和需求。

表 5.2　受益方, 挑战及需求

受益方	挑战	需求
用户	被多种来源的恶意软件攻击, 系统管理水平比较低	用户体验良好的集防护、检测、抵御和清除功能的防病毒软件
管理员	在爆炸性增长的病毒环境中, 保护关键系统、维护工作的连续性和实施企业级的病毒清除	新的检测机制, 健壮的病毒清除、安全防护和补丁应用分发机制
基础设施系统	防止意外感染, 处理不断增加的针对性感染	与管理员的需求类似, 但经常限于目标系统的特别要求, 不能在任意时间打补丁并重启

(续)

受益方	挑战	需求
ISP (互联网服务提供商)	提供连续性服务, 相对管理员处理更大规模的恶意软件攻击	抵御攻击传播和僵尸网络; 需要在恶意软件清除领域具有更好的手段
法律界	抵御触犯法律的恶意软件和僵尸网络应用, 识别窃取行为等	健壮的来源分析技术和先进的取证手段
政府及 DoD	面临不断增加的国防系统感染。比如 2003 年冲击波病毒入侵海军陆战队网络, 最近, 报告称恶意软件制造者正针对防御系统的特定目标实施攻击	综合了管理员、ISP 和法律界的需求

恶意软件对互联网和其他关键信息基础设施的保密性、完整性、可用性造成影响的真实案例主要有 2007 年春天针对爱沙尼亚计算机网络基础设施的分布式僵尸网络攻击 [IW2007], 这次事件导致北约 (NATO) 将网络战 (又称网络电磁战, Cyberwar) 纳入到防御作战任务中。2008 年 8 月, 一份报告称在格鲁吉亚的网络域 (网络电磁空间) 中发生了一场冲突, 这次攻击的目标集中在利用 DDoS 技术攻击格鲁吉亚政府网站, 但并没有直接攻击国家的信息基础设施 [Ant2008], 这次攻击由于没有确凿的证据, 所以截止目前, 仅是一个不确定的案例。最近攻击我们的恶意软件主要有 "Conficker" 蠕虫, 这种蠕虫原先仅在没有打安全补丁的系统扩散, 但目前正周期性地升级和发展。

法律界和 DoD 更关心跟踪取证, 而正如前文提到的, 这在当前非常困难。

5.1.4 当前的实际情况

商业和开源软件的开发者通过多种手段散发杀病毒软件、入侵检测系统 (IDS) 和入侵防护系统 (IPS) 来检测和防止可能的入侵和感染。当前主要的系统清理方法是清除恶意软件并重启系统。这种方法的弱点是, 病毒制造者能连续不断地重新包装和修改恶意软件, 但却需要一定时间来定位病毒的特征, 进行针对性的研制、测试和发布新的防御软件。对于恶意软件正在利用的系统漏洞, 开发者也需要时间去研制、测试及发布补丁程序。然而, 恶意软件制造者们却可以基于最新版本的防御软件测试恶意软件。

针对恶意软件的检测和防护的研究一直在进行, 比如, 网络电磁安全分析计划 (http://www.cyber-ta.org)。另外需要提到的是防钓鱼工作组

(APWG), 参见 http://www.antiphishing.org。

市场中还有基于 Web 的杀病毒服务, 一些服务可以通过安全专家分析目标可执行文件, 验证软件是否能够被当前的工具识别。这种工作机制与病毒开发者的测试床的功能非常相近。

美国国家标准局 (NIST) 的安全内容自动化协议 (SCAP) 提出了一种特殊的, 来自动化漏洞的管理、检测和对策一致性测试的方法。

系统和应用的开发商目前研究了针对软件漏洞或其他可能影响安全的漏洞的在线更新和打补丁机制。其他防御方法主要包括: 防间谍软件, 可信 Web 站点和用户的白名单机制和信誉评价机制。

当前的检测和修复机制并不安全, 因为对对手 (无论技术怎样) 来说, 针对目前的检测方法对恶意软件进行相应修改都很方便。现有的恶意软件演进策略表明, 当前的方法 (比如杀毒软件和系统补丁) 的有效性将变得越来越低, 比如, 病毒制造者引入了诸如多态、封装以及加密等方法来隐藏特征从而抵御反病毒软件的捕杀。在发现新病毒变种、为系统打补丁和杀毒软件的更新之间还存在缺陷。另外, 病毒编写者们还加入了一种方法, 一旦病毒入侵了系统, 现有的杀毒软件就不再起作用 (比如最新的 "Conficker" 蠕虫)。杀毒软件自己对生命周期攻击也有缺陷, 特别是对安装前引入的病毒。打补丁是系统防御的必要环节, 但也存在漏洞, 比如, 敌人可以通过逆向工程的方法, 找到系统存在的原始漏洞。而这会导致病毒编写者针对没有打补丁的系统编写、修改攻击软件, 不断更新版本的 "Conficker" 蠕虫就是这样的典型案例。

身份窃取攻击是恶意软件攻击的潜在副产品。确认和修补身份窃取攻击的市场正开始兴起。这意味着一些公司自认为已经拥有足够的筹码来应对这种威胁了。

5.1.5　当前的研究状况怎么样

在恶意软件的检测、捕获、分析和防御行为中, 主要的研究方向包括可视化 (在特定的主机上利用可视化方法现实检测、抵御和捕获的行为) [Vra2005] 和蜜罐网络 (在未用到的地址空间中分配的部分虚拟化的网络, 主要用于吸引恶意软件的攻击从而分析攻击的目标和机理) [SRI2009]。而恶意软件也增强了识别虚拟环境和恶意蜜罐网络环境的能力, 从而加强隐藏自己的水平。产业界在可信平台模块 (TPM) 的虚拟机技术、软硬件监控技术和恶意程序的清除/系统修复技术 (从技术角度上, 可以远程实施, 但是如果事先没有得到许可，技术实施可能会存在一定的法律和政策风险)等进行了创新性研究。国土安全部资助了一项正在开展的有关跨域攻击以及检测、降低僵尸网络危害的技术研究。分析技术包含来源于传统计算机领域的静态和动态分析技术。

目前相当多的研究集中于针对特征库的系统防御 IDS (入侵检测系统，如 SNORT 和 Bro)。最新的研究包括从目标流量数据中自动提取特征的技术，主要用于对抗具有多态功能的恶意软件。

目前已完成的研究工作主要是有关从感染的计算机中提取恶意代码的特征，并跟踪运行痕迹的技术，但是对从网络角度去发现恶意软件的研究还比较少。特定的网络行为是对恶意代码感染的表征和指示，比如域名服务 (DNS) 的变化通常表示垃圾邮件攻击，大流量的 DNS 的注册流量(经常在 "Conficker" 蠕虫感染中见到) 通常表明特定的主机是一个大型僵尸网络中的指挥控制网的一部分，在一个端口上出现加密的数据流量通常意味着特定的主机正在对僵尸网络的 "肉鸡" 实施控制。

截止目前，可视化和蜜罐网络技术还有助于对恶意软件的检测、分析和响应，至少在可预见的将来，蜜网技术还是存在一定的有效性。研究需要关注的内容包括：

(1) 什么特征可以帮助敌人识别蜜罐网络？

(2) "进入 - 撤退" 行为与 "进入 – 攻击" 行为的比例关系；

(3) 类似 "脚本小子" 式的攻击和针对特定目标的恶意代码在蜜罐网络中观测到的行为与实际系统中观测到的行为之间的关系。

美国国防新技术局 (DARPA) 的自我再生系统 (Self-Regenerate System, SRS) 项目针对上述技术进行了一些技术研究工作。

人工多样性不影响真实系统的运行，但是从一些攻击者的角度看却与实际的场景颇有不同。人工多样性的目标是难以描述定义的，但当前在商业和研究领域有了一定进展。现在的一些操作系统已具备了地址空间的随机置乱功能；虽然存在一定的基本限制，在通用领域中的系统混淆 (与多样性实现功能相同，但实现方式不同) [Sha2004] 领域还是取得了一定的研究进展。

类似基于运行特征的检测和恶意代码的语义学描述等新技术已经展现了各自的有效性并已部署到商业防御软件中。然而，为了应对恶意代码的发展，还必须加大力度研究新技术。

5.2 未来方向

5.2.1 如何对本主题进行细分

在恶意软件和僵尸网络主题, 包含防止、保护、检测、分析、反应的框架较为合理 (表 5.3)。**保护**和**检测**的功能由可视化操作和沙箱环境等提供, 用于持续地维护系统、应用和协议的安全; **分析**指 IT 专家对捕获的恶意软件 (如利用蜜罐网络捕获的) 进行分析, 研究有效的防御措施; **反应**措施由一些高性价比、不需 IT 安全专家即可操作的安全补救手段构成。

表 5.3 可能的解决方案

类别	定义	潜在的解决方案
防止	防止恶意软件的产生及传播	IDS/IPS, 虚拟化和内在安全系统
保护	当运行环境中存在恶意软件时, 保护系统不受感染	IDS/IPS, 虚拟化和内在安全系统
检测	当恶意软件在系统中传播时检测出来, 当特定系统感染恶意软件时检测出来	IDS/IPS, 虚拟化和欺骗环境
分析	分析恶意软件的感染、传播和破坏机制	静态及动态分析, 在大规模安全系统中的试验
反应	对恶意软件的感染进行修复, 确定防止未来爆发的机制 (与上述类型一并作用)	更新 IDS/IPS 和杀病毒软件、内在的安全系统、微型终端、安全云计算范例

5.2.2 当前研究的不足

随着恶意软件的日趋复杂化, 反病毒和入侵检测 (IDS)/入侵防御系统 (IPS) 的有效性在不断降低。而且无论采用任何频度更新用户端 (特别是销售系统) 也无法让杀病毒软件应对所有威胁。多态化的恶意软件的变化速度已经超过了杀病毒软件和入侵检测/防御系统中特征值的生成和发布的速度。

当前的研究人员一直没有足够关注恶意软件日益增加的复杂度和隐蔽性, 包括恶意代码的自我加密和封装机制、加密的指挥控制信道和僵尸网络的高流动性网络域名服务 (DNS)。

一般来说, 研究人员需要了解恶意软件的变化性和多态性。恶意软件的指挥控制机制的自动化检测是一项非常困难的任务。

我们目前还没有掌握足够的恶意软件和僵尸网络的分类字典,研究结果发现,很多恶意软件是由以前的恶意软件演化来的,但是演化的路径还没有得到足够的研究。在这个领域的研究成果可以抵御一般类别的恶意软件,包括当前恶意软件可能演化出来的变种。一个被广泛理解的分类学字典可以有效支持并促进研究工作。

目前,攻击与防御之间的关系是不对称的。攻击者在研发针对特定系统的攻击手段时有大量类似的案例可供参考。因此,迫使攻击者手动去攻击一个个主机,能够加大攻击方在攻击大量主机的代价。采用人工置乱的方法有助于抵消当前存在的攻击与防御之间的不对称性。

对主机来说,针对恶意软件的防御(比如,防御软件、Windows 操作系统更新等)已经成为典型的操作系统的扩展部分,但这种情况却导致恶意软件能够迅速瞄准并使这些基于主机的防御手段失效。关于上述问题的总结如表 5.4 所列。

表 5.4　不足及研究的动机

现有差距	研究目标	效益	时间段
防御电子邮件和网络恶意代码能力不足	用于抵御社会工程攻击的人为因素分析(工具、接口、教育),强壮的白名单	当前及未来更安全的电子商务	近期
从虚拟机逃逸	在硬件和软件堆栈中 TPM 低	提高虚拟化作为防御策略的有效性	近期
修复困难	微型终端,自动修复	快速、性价比高的攻击修复	近期
测试环境不足	互联网规模仿真	安全的恶意软件传播行为观察技术、更好的抵御策略	近期
攻击方/防御方不对称	有意多样化、有固有监测的系统	攻击方需要具备攻击大量不同平台的技术	中/长期
没有对攻击的容纳	攻击防御,安全沙箱、有意多样化	对未知代码感染的正确操作方法	中期
检测方法不够规模	具有内在监控能力的系统、强壮的软件白名单、基于模型的合理软件行为监控	广义的、有规模的检测让攻击者将难以隐蔽其攻击行为	中/长期
对威胁的认识不足	分析敌方市场、渗透敌方阵营,发现僵尸网络并阻止进一步损失	战略眼光允许防御阵营占到先机	长期

5.2.3　本主题研发中的典型问题是什么

(1) **针对操作系统的强化安全性机制:** 虽然针对操作系统的二进制代码恶意攻击软件需要特别关注并在近期加大研究力度,但恶意软件目前越来越多是通过社会工程和其他手段攻击浏览器和电子邮件。

(2) **保护用户免受欺骗式感染:** 最近,攻击者经常利用社会工程、内容注入等方法,并利用用户对安全性控制的复杂性不了解,诱使用户把与攻击者的系统交换数据当做正常的操作,比如在线银行等。这方面的研究人员必须充分考虑到用户的教育水平和对安全的意识程度,让安全控制手段更加易于使用,特别是在浏览器中。搜索引擎复制可以引导受害用户直接运行恶意软件 (比如在受到感染的网站中) 而不是用恶意软件来攻击用户 (比如利用钓鱼电子邮件)。当前大量增加的常见的服务器端攻击包括结构查询语言 (SQL) 注入、跨网站脚本等,这些都可以引导用户访问受感染的网站。

(3) **互联网级的仿真技术**可以为恶意软件的研究提供变革性的突破,一是可以使对恶意软件 (特别是僵尸网络和蠕虫) 的研究在互联网规模的环境中进行,有助于定位恶意软件的弱点、传播机理和响应机制,而不对真实的互联网运行带来威胁;二是,在宏观层次发现的特征有助于在微观层面对恶意软件的检测与响应。高可靠度的大规模仿真技术是很多下面将讨论的设想的基础。

在保护和检测方法方面,大量的虚拟化和蜜网技术将在近期和中期应用更多。通过应用多态性和隐藏技术,恶意软件正变得具有更强的适应性。后者也可以在防御中应用,恶意软件一旦检测到它自己在一个虚拟机或蜜网环境中运行,就会处于休眠状态,这样采用积极欺骗的防御就会产生效果 (这种欺骗可以使实际系统看上去像虚拟系统和像蜜网一样的网络,反之亦然;虚拟系统和真实系统之间的切换非常迅速;当用户没有在使用时,使用屏幕保护器将计算机与蜜网绑定)。一般要研究的问题是 "欺骗" 如何能被防御者更好地消除。

当然这些方法也存在局限性。例如,在一些客户端操作系统中,由于存在缺陷,会导致即使正常运行的监管程序也不能完成任务。同时,高度复杂的恶意软件也可能摆脱当前的虚拟环境。改进的硬件架构访问机制将在一定程度上保证这些方法的有效性。然而,我们还需要做更多的研究,如在计算机系统中牢牢掌握核心的底层应用并将安全功能与其他功能分开。关键是我们的检测方法和设备必须能驻留在恶意软件不能驻留的更底层的硬件/软件堆栈里。否则, 恶意软件将控制防御者的态势感知系统, 防御者将没有机会完成防御动作。近来的研究表明, 硬件设计注入漏洞在未来会带来威胁。

协同检测可能涉及到在没有建立信任关系的独立域间共享受隐私保护的安全信息。我们可能会共享恶意软件样本, 样本的元数据和经验。"活"的恶意软件知识库可能会加快研究进展, 但也可能因此带来新的安全风险。要根据策略, 仔细控制访问, 但这些策略非常难以确定。此外, 共享恶意软件可能是非法的, 这具体取决于实体的业务。

协同检测支持态势感知中对身份识别的需求。尤其是, 对僵尸网络的检测、防御和整治与对恶意软件和态势感知需求的研究 (第 8 章) 有很多一致的地方。在线网络层防御可以弥补主机层的防御的不足。例如, 我们需要在传输层上更好地识别恶意流量的情况。这也提出了在规模和速度上面临的挑战。

微型客户端技术在以前就已经被提出。在这种模式下, 用户的机器是无状态的, 所有文件和应用程序分散在一些网络上 (虽然术语 "云计算" 偶尔才被使用, 但实际上它与传统的大型机计算是同时发展的)。如果我们能够使分散的资源安全 (虽然这本身就是一个大问题), 那么, 攻击者对用户资产的攻击选择就会大大减少, 而修复仅仅是重新启动的问题。对安全云计算机制的长期研究保证了分布式资源基础的安全, 使该基础通过一个复杂的综合基础设施的支持, 就可从任何位置对用户进行身份验证和授权。

修复受感染的系统是非常困难的, 彻底清洗被感染的系统可以说是不可能的。特别是当系统被感染 rootkits 时, 这些 rootkits 以多种形式存在, 包括从用户层到核心层的 rootkits。最近又出现了硬件虚拟机 (HVM) rootkits, 这种 rootkits 可以自己加载到现有的操作系统, 通过 rootkits 的控制转变成客户操作系统 [Dai2006]。我们需要在修复领域取得进步, 比如内置诊断仪器仪表和虚拟机自检等, 这些方面的进步将可以提供嵌入式数字诊断以应对这些威胁。

容纳技术 (包括前面提到的 TPM 的方法) 有非常好的前途, 但需要进一步的工作。一个有趣的目标是容忍恶意软件 (例如, 在一个潜在的不受信任的系统完成一个值得信赖的交易)。另一个目标是有一个可用于关键程序的 "安全沙箱" (通过与当前沙箱环境的不同, 可以容忍隐藏在沙箱中的恶意软件)。最后一个问题是大型系统在它们内部的组件和子系统正在出现问题的时候, 残存部分是否也可以完成任务。一般情况下, 研究方案应该认识到, 恶意软件也是环境的一部分, 在存在恶意软件环境中的安全运行是必不可少的。

内部安全、可监测和可审计系统的发展面临一个意义重大的挑战。在一般情况下,这是一个中期至长期的研究领域。对所有设备的受信任的路径的短期研究可能会降低诸如键盘记录类软件的风险。在短期内,我们需要身份验证更新的进步,使最终发展的系统可以免遭恶意软件的入侵。在这方面的进展与第 1 章提到的可信赖的可扩展系统相关。

长期研究面临的挑战是开发系统、应用程序和协议,它们可以从本质上抵制恶意软件,也可以通过一种可以验证的方式更容易地实施监控 (实际上,减少恶意软件可在系统中隐藏的空间)。特别是,开发难以被恶意软件识别,同时又能够为 COTS 计算设备提供准确的内部自查和控制服务的硬件设备,可以帮助嵌入式取证和内部审计系统发挥作用。

人工智能的多样性可以表现为多种形式: 各个站点代码的差异性, 代码位置的差异性, 系统调用的随机性, 以及其他数据的可变性等等无论是从实用性还是经济性角度出发,研究如何随机配置指令集、操作系统和从不同的系统重新启动项中加载库都是值得的。研究的最终目标是使得每个系统的功能在正确使用时都是相同的,而对于攻击者来说每个独立的系统却是不同的。所以攻击方必须具备攻击每个独立系统的能力。这是一种能改变攻击方和防御方之间不对称关系的方法, 相对较为困难, 需要创新的思路。

在**威胁分析**方面我们做的还不够。在任何情况下, 威胁的性质会随着时间而变化。一个有趣的研究途径是对对手市场的经济分析。攻击者需要出售恶意软件作为攻击手段 (包括受感染机器的网络或僵尸电脑等)。价格波动可以用来分析对手的行为趋势, 也可使防御的有效性可通过指标来度量。与经济方法相关的研究是如何使恶意软件变得对攻击方没有经济吸引力 (例如, 系统能够更好地承受攻击入侵, 大大提高攻击取证的有效性, 限制某个漏洞可被利用的主机的数量, 改变现有的法律、政策使刑罚能真正反映网络犯罪的社会代价)。

5.2.4　什么样的研发是可持续的、基础性的、高风险的, 甚至是革命性的

近期内, 我们都在防御方面做出努力, 研发部门应在虚拟化和蜜网领域做进一步研究。我们需要于近期内在难度不断加大的恶意软件清理领域内取得进步, 特别是对终端用户系统。在近期和中期, 攻击分类领域的研

究都有助于对互联网实施必要的监管, 另外, 现在最缺乏的是从各种恶意软件攻击中共享数据的机制。在这个领域的研究所面临的问题涉及隐私问题、数据共享法律问题和数据本身的透明度等。对于元数据和源头的生成技术的研究必须要克服这些障碍。

为了控制各种恶意代码的传播, 关键是拥有捕获分析恶意软件和防御其快速传播的技术。长期研究应该集中在具备安全、可监测和可审计的系统。对手市场的威胁分析和经济分析应该在近期内进行试验, 如果它们被证明是有用的, 我们就应该更积极地开展研究。

5.2.5 成功的衡量标准

我们需要随时对受感染的机器组件进行基线测量; 衡量成功的标准是受感染机器的数目随着时间的推移而减少。

一些研究人员目前正在追踪恶意软件的出现。这样, 他们能够确定趋势 (例如, 每月新的恶意软件的样本数)。当恶意软件的上升趋势出现逆转时, 表明获得成功。

从捕获到恶意软件到部署防御策略之间的时间间隔 (或许更适合, 在以前存在漏洞的系统中实施防御) 可以用来表征人力或自动化响应时间的发展。

参考资料库, 我们可以定义一个标准的恶意代码检测库, 这个库定义了满足相应标准的需要检测到的恶意代码最少样本数。

我们可以通过回答下列问题和随时更新答案, 以站在较高的层次来衡量成功的标准。

(1) 有多少台机器感染了严重的恶意软件?

(2) 新的恶意软件出现的速度是多少?

(3) 由于垃圾邮件是主要的僵尸网络输出, 哪些电子邮件是垃圾邮件?

(4) 运行恶意软件的主机数的业内估计有多少?

(5) 恶意软件的破坏性呈现什么样的趋势 (概念上的连续体, 从流氓软件到广告软件, 间谍软件, 僵尸捕获软件)?

(6) 什么样的攻击是成功的, 什么是失败的?

我们可以考虑基于成本的衡量标准 (从防御者的观点), 例如:

(1) 搜索恶意软件传播者的成本?

(2) 识别僵尸网络以及僵尸系统指挥控制命令和架构的成本?

(3) 增强恶意软件主机列表共享带来的成本?

关于某些特殊防御的有效性, 可以通过针对对手市场的经济分析定义度量指标。这有利于估计被恶意软件侵入的特定系统的脆弱性, 并得到可靠的度量结果, 以及他们能怎样承受各种恶意软件的攻击, 如 DDoS 攻击。这对于度量特别的针对恶意软件的预防或补救策略的有效性是有帮助的。

5.2.6　测试和评估所需的条件

除了对恶意软件进行逆向工程, 对恶意代码的最有效的研究是在网络测试平台上进行的。这些测试平台包括与分析师计算机联网的简单的虚拟机, 这些测试平台由数十个或数百个真实的 (非虚拟的) 节点 (如 DETER) 组成。也可由网络软件生成模拟网络。研究界目前尚未研究出在互联网级仿真环境中进行恶意软件研究的方法。目前的基础平台和工具还不能支持建立一千万个以上节点的仿真环境。

由于恶意软件的复杂性使虚拟环境的检测等问题也变得更难, 这给虚拟环境测试平台 (例如虚拟机或蜜网) 的实现带来了严峻的挑战。研究恶意软件的工具和环境, 需要随着恶意软件的发展而发展。特别是, 当前尚不具有以硬件/固件为基础的恶意软件的测试平台。强化测试环境所需的工具和基础设施的研究是当前需要考虑的一个问题。研究恶意软件的测试平台要依据应用程序而定。测试平台不应该被测试环境辨认, 甚至复杂的恶意软件也不能辨认。为做好研究, 研究团体需要一个最新的, 可靠的可以预防的恶意软件代码库。目前虽然存在有限的资源库, 但它们对于研究团体来说是无法利用的。另一个有价值的资源是共享蜜网, 蜜网允许学习恶意软件代码行为。目前的蜜网主要是由个别团体在一个特别的基础平台上运行。然而, 法律和规定禁止此类共享。网络级的仿真将允许对防御措施的真实测试以及与恶意软件爆发时的动态博弈过程。在这个级别的观察, 将提供一个前所未有的对蠕虫和僵尸网络的传播和运行的观察角度。

5.2.7　能对真实系统测试到的程度

在实际系统中测试防御系统的有效性是可能的。可以设想和设计开展试验, 将真实和模拟网络直接连接到公共网络上, 采用或不采用特别的防护来进行真实测试。然而, 快速的自动化配置管理和防护传播机制必须首先在模拟系统中得到完全的测试。

第 6 章

全球范围身份管理

6.1 背景

6.1.1 问题是什么

　　全球身份管理主要关注识别和认证诸如人、硬件设备、分布式传感器和驱动器等实体, 这些实体也包括能从任何地方访问关键信息系统的软件应用程序。"全球范围" 这个术语意在强调身份的普遍性特征, 也意味着目前联邦系统中的身份管理已经超越了任何单一组织的掌控范围。这不包含着通用接入或在所有业务都使用单一身份, 这在本质上是危险的。在此背景下, 全球范围的身份管理包括身份创建、凭证管理、监督和问责、灵活的身份注销方法、相关政策的建立和执行, 以及对潜在冲突的解决措施。无论它能自动化到什么程度, 它必须在行政上便于管理并能使用户从心理上接受。当然，它也必须被嵌入到可信系统中，并与相关认证机制和授权系统 (如访问控制系统) 整合。它也必然涉及到身份和凭证的可信绑定。这方面涉及的内容不仅仅局限于识别已知个体。它还必须能扩展到海量的用户、计算机系统、硬件平台和组件、计算机程序和进程以及其他实体。

全球范围身份管理专门针对政府和具有多种内部组织关系的商业组织，在当前条件下他们在访问共享资源时因为缺乏可信的凭证而使运作受到了阻碍。在这样的环境中，凭证往往处于缺乏管理的激增状态。单一组织的身份管理将从全球规模的问题中受益，当然首先需要做到兼容。

我们这里关注的主要是面向信息技术 (IT) 的身份和凭证管理，包括认证、授权和问责制。然而，我们也要认识到到有许多可能影响身份管理的权衡和隐私问题。全球范围的身份管理需要的不仅是技术的进步，而且需要开放的标准，比如社会规划、法律框架、身份创建、使用和维护的政策、身份和权限信息的审计 (如权力或授权) 等等。显然，管理和协调全球规模的人和其他实体会引发许多与国际法律法规相关的问题，这些都是必须考虑的。此外，何时必须要提供身份信息这个问题从根本上是一个需要被考虑的政策性问题。在所有可能性中，任何可被接受的全球身份管理概念都需要与管理发布身份信息的政策统一考虑。总之，无数的关键系统和服务需要访问和使用的授权认证，全球规模的身份管理是未来 IT 能力的一个关键推动。此外，进行以属性为基础的授权而不是仅仅以假定的身份进行授权是必要的。身份管理需要被完全集成到所嵌入的全部系统中。

身份管理系统必须具备一系列功能，包括控制和管理用来区分和验证不同实体的凭证、对一个实体担任特定角色的授权、对实体在角色扮演中的性质、特点或属性的断言。全球范围的身份管理还必须支持不可抵赖性机制和政策，对身份、角色和属性的动态管理，以及对属性、角色和身份凭证的撤消收回。身份管理系统必须提供双向确认和认证握手机制以在原本相互猜疑的双方间建立信任关系。所有的身份、相关的认证和凭证都必须是机器和人可以理解的，以便使各方都知道他们之间的身份交互和关系 (例如，这些凭证是什么，谁发行它们，谁使用它们，谁见过它们)。凭证的使用期在某些情况下能超过人类的寿命，这意味着对凭证丢失的防范和恢复是特别困难的事情。

6.1.2　潜在的威胁是什么

识别和认证 (I & A) 系统正在许多方面遭到大量的具有不同动机的潜在攻击者攻击，这些攻击者来自大型组织的内部或者是跨多个组织的。内部和外部的非法使用已是家常便饭。由于缺乏足够的身份管理，确定非法使用者常常是困难的。例如，网络钓鱼攻击已经成为一个普遍的问题，为此，识别攻击来源和钓鱼者的合法性，并使攻击失效，这已成为显著需求。

与身份相关的威胁存在于整个开发周期和全球供应链中，但在运行中的威胁通常是最主要的。人对身份的非法使用、远端站点及已经遭受入侵的计算机 (如僵尸计算机) 对认证缺陷的非法利用，这些都是常见的行为。互联网本身是一个包含大量并发威胁的来源，这些威胁包括协同分布式拒绝服务攻击 (如重复登录失败导致对合法用户访问的封锁)。在具有相对可信性的双方边界出现单向身份认证的时候可能发生各式各样的威胁。这对于一个高度分布式、部署广泛的系统来说可能尤其要得到关注。其他威胁的产生是由于身份和认证的非法使用，特别是在系统不具备足够的可信性时。即使系统有潜力区分不同个体的不同角色，并能够采取细粒度的访问控制，保持系统运行方面的考虑以及用户警惕性的缺乏也往往会降低所设想的控制能力。特别是，威胁经常都是由于系统在完整性、保密性和生存能力方面的缺失而产生的，就像拒绝服务攻击那样。

其他主题领域中所描述的威胁也可以影响到全球规模的身份管理，最显著的就是可信可扩展系统方面存在的缺陷。此外，全球规模的身份管理存在的缺陷对于溯源和攻击归因也会产生负面的影响。

6.1.3 谁是潜在的受益者？他们各自的需求是什么

政府机构、企业、机构、个人，特别是金融界 [FSCC2008] 都将从全球身份管理的深入普及中受益，它将会带来更多的便利，降低行政成本，并可能会带来更好的监督机制。用户则可以从角色模仿、身份和凭证诈骗、难以追踪的非法使用等这些行为的发生率降低中受益。虽然不同的个人和不同的组织的需求可能会有所不同，但是在这个领域有重要意义的研究将会使大家都广泛受益。

6.1.4 当前的实际情况怎么样

当前有很多种身份管理的方法。其中的许多尚不具备与其他必要服务的互操作性，可扩展性差，用途单一，或在某些方面受到限制。然而，这些方法给我们提供了各方面的展示案例，可以帮助实现全球范围的身份管理框架。现存的方法案例如下所示。

(1) 个人身份 (ID) 与认证。Shibboleth 项目是一个基于标准的开源软件系统, 用于需要跨多个网站的单一登录 (见 http://shibboleth.internet2.
edu)。其他相关的项目包括 Card Space,Liberty Alliance, SAML, InCommon
(所有这些都是同盟解决方案, 都在实际使用中, 还在进一步开发完善, 而
且面对各种安全、隐私和可用性相关的问题还将不断进化发展)。

(2) 国土安全总统指令 (HSPD–12) 呼吁联邦雇员和承包商制定一个
通用的身份标准。符合 HSPD–12 标准的解决方案是 DoD 通用访问卡
(Common Access Card, CAC)。

其他方法, 如下面将要提到的这些方法, 都可以发挥一些作用, 但仅靠
它们本身无法提供全球范围身份管理的解决方案。不管怎么说, 参考一下
还是很有用的。Open ID 提供过渡认证, 但仅仅是最基本的身份信息, 然而,
由于信任本身不是过渡性的, 还是无法解决恶意的非法使用问题。Medical
ID 应符合 HIPAA 规范。企业物理访问 (Enterprise Physical Access) 是
典型的基于令牌的或基于身份的物理访问控制系统。无国籍的身份和认
证方法包括朗讯个性化的 Web 助手 (Lucent Personalized Web Assistant,
LPWA)。OTP/VeriSign 是一种对称密钥方案。生物特征技术在认证过程中
可能是有用的, 但是目前大多数生物特征认证技术有各种潜在的实现漏洞,
例如指纹扫描器可能被假的胶手指欺骗。信用卡、借记卡、智能卡、用户
卡系统认证、芯片和 PIN 认证这些都曾经历过一些漏洞和各种非法使用。
针对每个消息的认证技术如 DKIM (DomainKeys Identified Mail)、Email
消息认证、PGP 和 S/MIME 都是值得考虑的, 特别是对于它们存在的局
限性和发展历史。

从这些方法的不足之处和开发经验中学习是很必要的。然而, 在大多
数情况下, 这些各种各样的身份管理概念互不相连。在不同的身份管理系
统间构建形成合适的、有效的和语义上有意义的连接是一个具有重要意义
的挑战。由于未来会有许多相互竞争又相互协作的身份管理系统, 我们必
须开发出能够在身份管理系统间进行可靠身份凭证传递的系统, 以及可将
来自多个身份管理系统的信息进行整合 (作为政策驱动的决策的输入) 的
原则化方法。以上提到的威胁目前还没有被有效地解决。

6.1.5 当前的研究状况怎么样

当前, 有几项计划与大范围的身份管理有关, 包括一项政府范围的电
子认证项目, DOD 的通用访问卡以及全球信息栅格的公钥基础设施, 这些
并不代表研究方向, 但是其中涉及的部分问题却可以对未来的研究有促进

作用。然而, 上述研究在同盟认证单位看来还存在大量问题, 并存在因处理撤销权限导致的延时。现在看来这虽然还不是严重的问题, 但是当前基于公钥加密的标准和应用都是非常容易被量子计算机攻破的。

当前在策略语言、信任协商和认证基础设施方面还需要大量的研究投入, 它们都还没有进入到实用化阶段。为未来建设高强度 I&A 架构的研究战略包括事先分配密钥的大规模对称加密信息基础设施、使身份管理系统能够扩展的联合体数据库、扩展一次性加密本创建的策略、不采用基于随机数产生的加密机制以及其他不易被量子计算攻破的加密方法 (这似乎是可能的, 比如基于栅格的加密算法)。美国国家标准技术局 (NIST) 举办的 "互联网身份认证及信任 (IDtrust)" 系列论坛总结了过去 9 年的大量工作 [IDT2009], 其中在 2009 年的论坛中有 3 篇源于信息基础设施保护项目 (I3P, Institute of information infrastructure protection) 的论文论述了有关身份管理方面的内容。另一方面, 除了可信 XENIX 操作系统以外, 在避免使用单可信根方面的研究还非常少。在用户和证书之间建立信任绑定方面的研究投入的力量也不够, 而这种技术在生物特征标签和射频身份标签领域都非常需要。当然, 针对未来解决方案的研究并不局限在以上领域中。

6.2 未来的方向

6.2.1 如何对本主题进行细分

在本领域中基本可以分为两类, 当然, 部分研究项目需要同时关注这两类方向:

(1) 机制 (比如, 认证、仲裁、审计、撤销、同盟、可用的用户接口、用户接入概念模型, 表示及评估等);

(2) 策略相关研究 (比如, 隐私、管理、撤销策略、国际化、经济、社会和文化风俗以及与有效应用机制相关的策略)。

在本章和其他主题中,"研究" 一词强调研发的全过程、测试评估和技术转移等。法律、执法、国际化以及文化等问题与上述环节都相关, 需要在全过程中予以关注。

强化全球身份管理机制 (带有一些政策性的意味) 主要包括以下内容:

(1) 可以在大范围使用同盟方用户的身份和凭证管理, 可以促进现存系统间的互操作性。

(2) 高效支持在大范围内对实体、进程和事务身份管理。

(3) 灵活的身份管理机制 (包括粒度、别名、代理、群组以及相关的特征)。

(4) 支持多重隐私及跨组织信息信息透露需求, 轻度混淆现象以及断开联系的需求。

(5) 特定属性的有效表征: 多重角色、多重属性、有效访问权限、对信息泄露与否的透明性。

(6) 支持快速演进及新增的属性, 比如与鉴定者相关的值。

(7) 可按时撤销的证书 (更改或撤销特征)。

(8) 在不可信系统间横跨时避免使用过多的认证环节, 同时权衡使用单一的签署认证带来的风险。

(9) 基于密码的解决方案的长期使用, 需要考虑遭受侵害时完整性、抗欺骗性、可撤销性方面的问题, 以及可审计性、证书续期、系统更新导正的问题等多种因素。

(10) 非人类用户实体的身份管理, 比如域名、路由器、路由、自治系统、网络以及传感器等。

注意仅仅是让 SSL 客户认证以一种可用的方式有效工作就可能向前迈出了有用的第一步。

强化全球身份管理政策 (部分带有机制上的意味) 主要包括有:

(1) 针对整个风险范围的风险管理, 它与授权密切相关, 博弈论分析可能会很有用。

(2) 交互中的信任与置信机制 (不可靠的第三方, 当证书被盗或第三方消失时会怎么样)。

(3) 用户接受度: 可用性、互操作性、代价; 向用户提供并展示细粒度的属性。

(4) 结构、含义及属性使用的解释: 身份和属性断言的语义表述。

(5) 商业上的成功及可接受性: 可用性、互操作性、代价; 可持续性经济模型; 向用户展示。

(6) 适应需要特别注意国际化的需要, 比如在不同欧盟国家、美国及其他国家中存在看上去显著不同的隐私策略。

(7) 为未曾预计到的新的事务和二次使用设置补偿机制。

(8) 认识理解量子计算和量子加密。探索不用公钥加密机制或使用抗量子攻击公钥加密机制的全球身份管理机制的可行性。

表 6.1 提供了两个类别的简要总结。

表 6.1 一些解决方案的例子

分类	定义	可能的解决途径
机制	基于身份和属性的系统认证、授权和审计	全球可信的身份管理、密码学和生物学认证、实体的安全绑定和分布式完整性
策略	强化基于身份管理的规定和程序、使用相关的机制	集成了误用检测、网络监控和分布式管理的多手段攻击检测系统

6.2.2 主要的研究差距是什么

在身份管理中存在的关键不足主要是缺乏透明、详细和强类型的身份、角色、属性和证书的管理控制。信息发送方需要了解并控制发出的与身份相关的信息。各用户必须能够提供有关身份、角色和属性的证书,这些信息是独立但又相互紧密联系的,以便满足一些特定需求。比如,为什么卖酒的售货员在检查顾客是否满 21 岁的同时还能看到顾客的其他详细信息 (如地址、驾照信息等),更糟糕的是,有可能盗刷顾客的信用卡引发未知的后果。在某些条件下,服务需要在不掌握详细的身份认证信息时,就可以验证用户的角色和属性证书。人和服务需要能够根据自己的地位来选择相应级别的信用和保证。另外,用户重复使用之前授权证书的行为应该有效避免。要保证在需要的时候,能够使用一些双向认证的手段,比如,在部分场合在授权人和被授权人之间需要建立双向可信通道。

研究的主要差距包括以下方面:

(1) 现有系统只认证用户的身份信息,而不能认证交易、应用、系统、通信信道、硬件、独立封装、消息等其他信息;

(2) 封装、检测和修复措施应用还很不完善,这可能导致身份、认证和授权的滥用;

(3) 维持身份认证的长期有效是非常困难的。另外,严格控制身份撤销和错误检测机制也是非常需要的;

(4) 历史上,推行身份管理机制成为国家标准遇到了相当大的阻力 (类似在澳大利亚和英国发生的事情);

(5) 目前极度缺乏可以指示全球范围身份管理机制重要性,并引导相应解决方案的经济学模型;

(6) 目前对于大多数的公民来说,都极度缺乏对身份、认证管理和隐私在文化和社会的影响方面的充分认识。

达到建立一个开放、为全球所接受的针对个人、系统组件和处理等的身份认证标准这个目标是非常困难的,需要在企业界和政府之间进行大量的协调和处理工作。全球范围的身份管理的困难性主要有以下几个原因,包括: 标准化、规模、流动、时敏性、消除内部威胁以及针对当前密码机制的量子计算威胁前景等。另一个问题是需要保持个人信息的匿名性,除非有明确的要求。此外,要确认系统进程或线程如何被识别和赋予执行优先级的事是更加复杂和令人沮丧的。部分挑战还源于要区分用户和代表用户执行的主体。最后,虽然传感器网络和射频识别 (RFID) 系统已经得到广泛应用,它们当前存在的缺陷,以及未来可能的大范围部署规模都强调了解决全球范围的身份管理这个难题的必要性。

6.2.3　资源

短期内,可能取得的成果主要在是前文 “背景” 一节中描述的原型及策略研究方面,另外,对当前的技术及实现的合理使用也会在这方面有所贡献。但是,在长期看来还需要付出更多的努力,主要解决系统的内在可扩展性、可信性、抗密码分析和系统攻击等问题,尤其是对那些可信性无法得到保证的同盟系统。

6.2.4　成功的衡量

理想情况下,用于识别、认证和接入控制的系统应该能够支撑百万数量级用户基于身份和基于角色的认证。身份识别、认证以及授权有时需要单独考虑,有时却需要放在一起整体考虑。一个鉴定者可以宣称某人是谁,而且可能具备多种颗粒度和特征。某人是谁 (伴随着应用角色和其他特性,如物理位置) 这个问题的解决将会根据特定策略决定可以将被授予什么样的权限。系统应能够处理数百万项的权限,能处理用户、设备、角色、权限等方面系统存在的巨大流动性。另外,每个用户还可能具备不同组织的几十个不同的证书,每张证书都有其相应的一组权限。应当能够对新的机制、政策可被部署和执行程度进行预测和衡量。权限撤销需要具备使用时的准实时性。全球身份管理的各个方面都需要有可以量化的指标。总之,必须使国家级的敌人在对信息关键基础设施系统实施身份欺骗时变得极端困难。

部分相关的度量标准主要包括以下内容:

(1) 互操作性。可以集成多少系统? 有效性随灵活性的增长如何变化?

(2) 双向身份管理。可以管理多少身份信息? 风险怎样?

(3) 全球规模身份业务处理效率。比如, 处理多种类型的端到端业务的最短时间是多少?

(4) 撤销。随着全球规模的扩展, 期望的传播时延将如何变化?

(5) 指标量化。各种不同的方法将带来怎样的长期和短期数值结果?

(6) 隐私度量。比如, 使用行为分析和匿名描绘对多个身份进行关联的难易度?

(7) 风险管理度量。上述项目的风险是怎样的?

6.2.5　测试和评估所需的条件

同盟解决方案需要真实的测试床来对全球身份管理方法进行测试及评估。大学校园可以提供天然的初始测试环境, 而且在受控的条件下, 还可以进行大规模的合作研究。

对算法和原型的形式化分析方面还大有可为, 尤其是当扩展为同盟解决方案时, 它们将为其他所有测试提供有益补充。

6.2.6　能对真实系统测试到的程度

当前的测试与评估是相当随意的, beta 测试主要由用户群体完成。需要认真考虑测试准则、可扩展性、鲁棒性和代价等因素。某些内容是可以进行测试的, 另外的则需要进行不同类型的分析, 包括大规模的仿真和形式化方法。考虑到编制和编制数量 (不止是人的数量) 上的需求, 可扩展性是必要的。同盟算法需要在一致性、安全性和可靠性方面进行形式化分析。在过去失败或无效的尝试中取得的经验教训必须在新的研究中得到体现, 然而通常的情况下, 分享经验和教训是非常困难的, 因此就迫切需要多机构的测试床和实验。为了促进脆弱性和漏洞研究方面经验教训的共享, 激励机制是必要的。同时, 算法的透明性也是必要的, 而不是作为私有财产对外封闭。

测试市场中的解决方案需要特别关注有效性、可用性和费效比。可能的测试市场包括虚拟环境 (如魔兽世界和虚拟人生等), 以及实际环境 (如银行、财务服务、EBAY、能源部、退伍军人事务部、国立医院、拉斯维加斯赌场)。真实测试床需要现实基础上的动机, 比如能最大程度较少损失、可用于大规模应用、便于评估和结果可信的系统等, 也包括对拒绝服务和其他攻击具有一定抵抗能力, 生存能力强等等。

第 7 章

时间关键系统的生存能力

7.1 背景

7.1.1 问题是什么

　　生存性指以时间作为参数描述的系统在受到攻击、出现故障和发生事故时，维持工作性能的能力。生存性是可信性中非常关键的指标之一，其被评估和度量的前提是，目标系统的任务需求已被精确定义。

　　时间关键系统，一般来说就是系统在出现问题的时候，可以以不同于人类的时标来维持系统生存性 (比如，以可接受的性能连续工作)。在这类系统中，系统需要进行大量协同、复杂的分析，人的响应时间无法满足要求，系统管理人员不能或难以实时或在时限内完成管理任务。本章使用下述定义：

　　从生存性角度来看，时间关键系统是一类在受到攻击、出现故障和发生事故时，为避免出现不良后果，需要反应速度比人快的系统。

在此特别关注的是当生存能力出现问题时可能造成的大范围影响, 特别是涉及相当数量人群的系统。这类典型的系统包括: 电力网及其他关键基础设施、区域交通系统、大型企业处理系统、互联网基础设施如路由和域名服务等。虽然其他类型系统中有些出现问题也可能会对小范围用户造成影响, 但这不是本章重点考虑的内容。此类型的系统主要包括医疗设备、个人交通系统、家用台式电脑以及隔离嵌入式系统。这些系统在设计上通常不具备足够的生存性, 但是相对于大型分布式系统来讲, 一旦出现问题, 还相对容易处理。但是, 大量小系统就算出现一般的问题 (比如, 在一种通用医疗器械的缺陷), 也可能导致造成大范围的影响 (在这里个人系统并没有被忽略, 在大规模的时间严格系统中可用的措施对小型系统也有用)。

在前面可用性的定义中, 时间关键性是关键属性, 与 "比人快" 的特征直接相关。在一些系统中, 即使是不足 1 秒时间的失效也会带来非常严重的后果, 而另外一些系统, 即使数分钟的失效也是可以接受的。有的系统, 紊乱如果没有得到正确处理, 系统的稳定性也会受到威胁。图 7-1 中显示了一些时间关键系统和用户规模的示例。其中, 斜线右侧的系统是讨论的主要关注点, 而在斜线左侧的系统是较次要的关注点, 比如间接受益人。

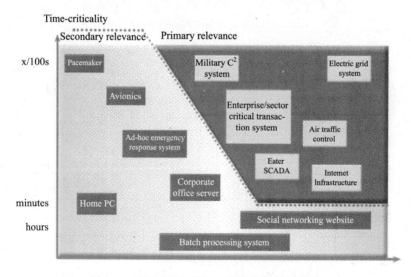

图 7-1　不同时间关键系统需求及用户规模样例

7.1.2　潜在的威胁是什么

生存性定义中指出, 威胁包括系统攻击、故障和事故。本章没有列出一长串威胁的内容, 本章中的威胁均指生存性中需要面对的所有 "相关不利状况"。

7.1.3 谁是潜在的受益者? 他们各自的需求是什么

受益人包括关键 (公众) 基础设施的系统终端用户, 包括系统所有者和操作人员, 系统研发人员和销售人员, 规划人员和其他政府机构, 教师和学生, 标准机构等, 这些类型的受益者的需求差异很大。用户需要的是想用的时候就可以用 (可用性), 另外需要的是一旦系统运行就能够正确持久地运行 (可靠性); 系统所有者另外还有几个需求, 比如态势感知能力, 由此他们可以得到系统对潜在问题的告警信息, 并管理系统的负荷, 另外, 他们需要对事故做出确反应, 复原系统并恢复操作。

7.1.4 当前的实际情况怎么样

当前, 信息系统通过组件复制、信息冗余 (比如, 纠错码)、智能负载均衡、日志和事务重放、自动恢复至稳定状态、延缓对配置更改的提交、手动维护对重复恶意请求的过滤措施等手段, 来共同提高系统生存能力。为达到同样目的, 当前控制系统一般都是与外界网络隔离的 (特别是可能受到攻击的时候), 尽管不总是这样。嵌入式系统对恶意攻击一般都没有什么保护措施 (除了部分物理安全措施), 当与外界网络存在连接时更是如此。

当前, 对时间关键系统的生存性、可用性和可靠性的典型衡量方法依赖于对自然和随机故障的统计值 (如, MTBF)。这种度量方法忽略了有意攻击、关联故障和其他相关情况。比如, 应对协同攻击和内部攻击的措施并没有包括在大多数当前生存性的解决途径中。典型的借口是, 在现实条件中针对时间关键系统精心设计并实施有意攻击的案例很少。然而, 由于在此研究的系统的重要性, 而且它们确实存在大量已证实的安全漏洞, 我们已不能再等待严重的事故出现后再来进行收集和分析。

7.1.5 当前的研究状况怎么样

当前研究的状态可以分为三个领域: 了解任务及风险; 系统生存性架构、方法和工具; 测试及评估。

了解任务及风险。我们需要更深入地了解时间关键系统的特点及任务。我们也需要更加了解当生存性受损时系统面临的风险。风险的概念主要包括威胁、漏洞和后果。关键基础设施的设计和操作经验有助于了解上述目标。在这个领域中存在一些方法和工具, 但是很多方法不精确, 而且在一个或多个参量方面缺乏数据。最近值得推荐的研究包括 Heimes 等和 Kertzner 等的工作。

生存能力体系、方法和工具。在这个领域的工作主要集中在系统和网络的容错性方面 (如, 参考 [Neu2000] 文献)。前期主要研发项目有 DARPA 的 OASIS(Organically Assured and Survivable Information Systems, 信息系统的有机认证及高生存性), 相关文献发表于第三届 DARPA 信息生存性会议及展示活动中。在 I3P 项目 (www.thei3p.org/research/srpcs.html) 中也开展了有关控制系统生存性的研究工作。然而, 还需要大量工作将容错概念扩展到生存性 (包括对入侵的容忍度) 方面并寻求自动化和协同攻击响应和恢复。

测试及评估。需要对时间关键系统的部件进行测试及评估。部分测试床可以为研究人员提供通用网络基础设施 (如, PlanetLab、ORBIT 和 DETER 等)。部分测试床仅能由特定用户使用, 比如军事单位和其他政府研究实验室。然而, 测试床的测试能力仍不令人满意, 部分由于存在多种类别的敌人及攻击行为, 一些行为发生的概率很小, 但是仍会出现。另外, 测试床仍缺乏逼真性。

7.2 未来的方向

7.2.1 如何对本主题进行细分

如前文的定义, 本专题可以分为三个类别: 了解任务及风险; 满足生存性的结构、方法和工具; 测试及评估。

上述三类又可以进一步分为保护、检测和反应子类。表 7.1 提供了对这些潜在解决方法的总结。

表 7.1 潜在的解决途径

类别	定义	潜在的解决途径
保护	在系统环境下, 保护系统不受所有相关敌人的攻击	满足普遍需求的具有内在可生存性的系统架构
检测	及早检测潜在的错误及攻击	集成了误用检测、网络监控等多种能力在内的攻击行为检测系统
反应	尽可能的纠正检测到的攻击行为并进行恢复	使用状态感知和相关的检测方法估计损失, 预测可能的恢复模式

7.2.2　主要的研究差距是什么

作为可信性指标, 生存性依赖于可信计算机和通信系统, 以及与安全、可靠和实时性能等基础性内容相关的可信操作。说到底这是一种元需求。各种相关子需求必须明确清晰 (比如, 可参见 [Neu2000])。缺乏生存性方面的清晰明确的需求本身就是重大缺陷, 同时这也反映出在研究中的多种不足 —— 比如, 不能足够详细和明确地定义需求, 也不能确定各项规格和系统是否确实能够满足这些需求。

认识使命与风险

(1) 需要严格定义系统属性和需求, 以适用于各种不同的使用环境。主要应包括响应时间、宕机时间和恢复时间等概念, 特定系统需要定义特定的需求集; 需要确定和定位并严格表述系统关键性指标的处理过程和方法; 需要确定并量化产生的后果, 包括生命关键性、环境或财务等; 需要用更可靠的方法明确物理系统和数字系统之间的交互关系。

(2) 系统和基础设施之间的相互依赖性需要分析。需要明确当一个系统的生存性发生问题时会在多大程度上引起其他系统的故障; 需要明确生存性属性的构成方式。

(3) 需要构建系统、威胁、缺陷和攻击方法的模型, 这些模型需要包括攻击的演进和结合独立及协同攻击的混合攻击手段。

(4) 没有万能的体系。有些系统是嵌入式和集中式的; 一些是网络化和分布式的。然而, 在其中起主要作用的是集成的、可扩展的可信系统 (见第 1 章)。

7.2.3　满足生存能力需求的体系、方法和保护工具
　　　　(保护不包括人工介入)

(1) 需要能满足实时系统最苛刻的可靠性需求的集成化、可扩展的组件体系。需要掌握在可信性及基于时间可用性的集成度之间的平衡方法。传统的安全机制倾向于延长机器处理时间或采用人工处理, 而这些方法可能会损害可用度。保证完整性的技术一般也可以提高生存性, 虽然这不是必须的。部分完整性保护措施, 如校验和, 如果其结果能被复制或无法使用就引入新的隐患。需要能够提高自我监视和自我治愈系统能力的更好技术, 如自动化操作等。不仅是嵌入式系统, 分布式系统也需要加以关注。可信管理 (包括控制、安全和完整性), 分布式数据的及时传递以及类型多

样的传感器是非常重要的。生存性还需要考虑针对攻击、内部人员误用、硬件故障以及其他问题的保护，需要限制对不可靠的部件的依赖程度，比如需要经常打补丁的复杂操作系统。尤其重要的是，控制者的操作接口非常关键，特别是在紧急关头。

(2) 需要为生存性设计新的通信协议。比如，保障实时性的条件下，一种协议可以让攻击者比系统所需保障措施耗费更多的资源。跳频和同步标志是一种较为典型的解决方案。作为对 TCP/IP 协议的扩展或替代，Modbus 和其他协议也应得到考虑。

(3) 需要了解系统的核心程序怎样与可能受攻击的程序之间的隔离措施，因此，即使系统遭受攻击，核心系统的时间关键性特性也可以得到保护。需要对可在不同体系结构和不同种类的分布式控制系统中应用的可预测、可信的资源分配和计划手段开展研究。

(4) 需要探索研究好用的冗余系统，以保证系统中单点的故障不会经常发生。

(5) 需要识别并防止关联故障的发生。特别是，我们需要设备能够以高于故障传播的速度，检测并阻止关联失效。这是一个复杂问题，需要利用大型测试床和采用新的仿真方法。

(6) 共模故障对大量相同系统是巨大的挑战，而且，系统维护在多样性和异构的系统中是一个难题。为保障在时间关键系统中的生存性，需要新技术在系统多样性和相同性选取之间达到恰到好处的平衡。

(7) 目前人们在管理程序和可视化研究方面投入了大量精力，这些方法可以在商品化构建的集成中加以应用，从而使集成的系统具有更强的生存性。

(8) 需要组合生存性的切实有效的方法，更详细的有关可组合性的讨论可参见第 1 章 (可扩充的可信系统)。我们需要评估组合生存性的工具，包括与组件识别和原产标识相关的可靠工具 (参见第 6 章和第 9 章) 以及生命周期评估工具 (第 3 章)。举例来说，对由部件组合而成的系统，其生存性是由各部件的生存性所决定的。研发和应用针对混合可用性设计的通用构架平台是非常有前景的。

(9) 在网络方面，在满足生存性、时间关键性和经济性的前提下，需要比较带内和带外控制的开销。

(10) 需要确认时间关键性系统依赖的设备的生存性。比如，所有的系统都使用电源，因此，系统的生存性不会优于其电源的生存性，类似的考虑因素还包括散热、通信、DNS 和 GPS 等设备。

(11) 需要研究针对时间关键性的功能分布策略, 并研究这种策略的缺陷。问题包括应用健壮的群通信机制 —— 为时间关键性系统设计的点对点和广播通信机制。

(12) 检测和恢复机制本身 (参见后文) 也需要被保护, 确信它们不能失效或被欺骗。

7.2.4 检测

在时间关键性系统面临生存性风险条件下的检测, 需要更先进、有效的检测方法。该方法需要实时检测时间关键性特性存在的问题, 比如性能下降, 并预测潜在的后果。需要研究下列主题:

(1) 自检 (心跳、故障响应、内置关键功能监控、检测异常过程)。

(2) 内置审计系统 (为检测设计的功能)。

(3) 参与并构成检测能力的网络部件。

(4) 具备更好检测能力和更强的可视化能力的人机界面。

(5) 支持闭环设计的协议 (确认动作)。

7.2.5 反应

当检测到系统的生存性存在风险, 需要作出相应反应行为以确保生存性得到维护, 需要研究下列方法:

(1) 自愈系统, 可高实时性地恢复与时间关键性相关的系统属性;

(2) 良好的服务降级措施 (与了解任务需求相关);

(3) 与适当时间表对应的可预测反应;

(4) 当需要介入时的一系列反应策略 (如预先制定的反应方案, 网络指导书);

(5) 在操作中的系统变化 (打断敌人的计划, 使已制定的攻击计划失效);

(6) 使用支持的服务协调反应行为 (如, 通知 ISP 在用户网络中重新配置路由、实时黑洞等);

(7) 延缓阻止, 也就是说, 在保证关键系统功能的同时, 降低攻击者的攻击效率;

(8) 通过自动功能将未受损/已修复的组件在线恢复 (不需人工干预)。包括重新评估组件状态及通信流情况 (路由、Ad-hoc 网络)。

7.2.6 必需面对的挑战是什么

目前, 攻击方存在显著的优势, 因此针对生存性的研究需要在新的领域展开。服务环境的广度很重要, 但是同时坚固的深度防御也很重要。需要认真考虑经济性, 因为没有一种昂贵的手段是能得到广泛应用的。

7.2.7 什么样的研发是可持续的、基础性的、高风险的, 甚至是革命性的

1. 近期

(1) 真实性、全面的需求;

(2) 现存的协议;

(3) 时间关键性部件的识别。

2. 中期

(1) 检测;

(2) 反击策略;

(3) 网络化和分布式控制中可信协议的实验、带外信令、鲁棒性和紧急恢复;

(4) 研发工具;

(5) 系统模型。

3. 长期

(1) 衡量指标;

(2) 为网络化和分布式控制建立的可信协议;

(3) 自检和自修复;

(4) 自动化反应和恢复的各种保证。

7.2.8 资源

要在当前所有系统中取得进展, 需要对所列出的关键技术和关键系统都下大力气进行研究, 同时, 采用研究协调程序确认和了解为各种特定系统研究的专用和通用解决方案。研究协调程序的另一个重要作用是加速研究团队中的想法交流。

对这个主题中明确和隐含的内容 (基于安全性、可靠性、态势感知、攻击判别、度量、可用度、生命周期评估、应对恶意软件和内部人员滥用以及其他方面), 还需要加大力度做进一步研究。

7.2.9   成功的衡量

成功性的衡量主要是通过在不同环境下, 检验系统能否为最高优先级的任务提供足够的服务。这些环境在拓扑结构和空间分布上都可能存在较大不同: 如数量、种类、失效的计算机位置以及大量不同的攻击策略。

7.2.10   测试和评估所需的条件

很多都与以下内容相关:

(1) **生存性指标**: 确定可用的现有度量方法 (如 MTBF 等); 适用的成功衡量标准; 需要被测量的生存性和时间关键性的附加指标 (未被现有测量方法所包括的); 对非正常输入的容错性; 在恢复时间内可提供部分服务的能力。针对测试的攻击研究还需加大力度。

(2) 需要衡量复杂度和时间关键性之间的关系, 特别是系统的反应比人快时。

(3) **高可信度仿真**: 结合控制功能的系统物理特性仿真, 集成安全性的测试和仿真与验模。确认仿真具有足够的真实性和可信性。

(4) 需要包括私人企业在内的机构参与。

(5) 分析模型的研发需要基于仿真基础。

(6) **红队**: 利用有相关的领域的特定能力的红队评估结构化的生存性指标。

(7) **对手模型**有助于帮助了解对时间关键性系统面临的威胁。

7.2.11   能对真实系统测试的程度

(1) **大型系统测试:** 生存性的测试在非常大且复杂的系统中是难以进行的, 比如电力网。相关的问题还包括, 如何共享访问现有测试床, 怎样综合现有的子系统测试结果。

(2) **研究基础设施**对于本领域的研究非常必要, 研究基础设施应包括设备库, 库中包括各种尺寸和价格的制造部件 (类似种子银行) 以及设计和评估中的设备原型和模版。

(3) **对现实条件中的正常数据、攻击数据的访问**以及用于评估研究成果的系统设计, 对本章涉及的各种系统都是必要的, 它访问的不仅仅是典型情况下的数据也包括极端情况下的数据。数据所有权及数据清除等相关内容也需要涉及, 还包括事后数据及对飞行数据记录的分析, 以及测试床的集成等 (无线、SCADA、通用信息技术等)。

第 8 章

态势感知和攻击归因

8.1 背景

8.1.1 问题是什么

态势感知是延伸到人的认识水平和感兴趣的领域相关的信息, 它包括人的角色、环境、对手、任务、资源状态、可见信息、相关权限等内容。由大量数据生成信息再到认知信息的过程具有很大的挑战性, 并要考虑在这个过程的每一步适当的共享。

按难度递增的粗略顺序, 需解决的问题如下:

(1) 是否存在需要处理的攻击或误用 (检测, 威胁评估)?

(2) 攻击样式是什么 (识别, 而不仅仅是入侵检测)?

(3) 攻击者是谁 (准确的确定攻击来源)?

(4) 攻击者的意图是什么 (关于当前的攻击意图, 同时预测对手的后续行为意图)?

(5) 可能造成什么后果?

(6) 该如何防御 (将自主企业和团体作为整体考虑)?

(7) 哪些基础设施 (或流氓软件) 支持了攻击行为?

(8) 如何预防、阻止、和/或减少未来类似事件的发生?

从防御角度来看, 无论攻击行为是否发生, 态势感知信息中应包含系统的自身状态。认识系统在未被攻击时的性能和行为非常重要, 因为某些攻击行为仅仅是由于偏离 "正常行为" 而被观察到的。同时, 还应了解系统在一定非攻击引起的负荷下的性能, 就像网络中某些特定资源突然流行所带来的网络流量激增。

态势感知也包括对防御方和敌方能力的认知。为了基于目前的防御态势预测对手的行为, 防御方必需建立敌方模型。防御方的系统级目标是阻止对手的敌对行为 (例如, 攻击我方信息系统), 并形成首选的行动方案 (例如, 遏制非法软件的开发而开展对全社会有益的项目, 或将攻击行为引向蜜网)。

攻击归因即是对攻击方或攻击媒介身份或位置的确定。攻击归因判定包括对攻击媒介的身份确定, 尽管攻击媒介可能有意或无意参与攻击行为。准确的归因判定能够提高态势感知的水平, 所以是本领域研究中的关键要素。恰当的归因判定可能是一个循序渐进的过程, 随着态势感知的可用信息的解析而逐渐清晰。

态势感知的范围不仅局限于单个用户, 甚至不仅局限于一个管理域, 它以一个对管理者或分析者来说合适的粒度并通过考察他们所关注的领域, 来处理正在发生的情况。特别的, 对于基础设施中跨领域事件的态势感知, 可能需要多方的协调与合作, 例如, 关于何时/是否共享数据的决策, 如何表述时变的态势, 如何对信息做出解析或响应。归因判定在这个过程中是一个关键的要素, 因为它关注谁在做什么, 以及应该如何响应。

8.1.2 潜在的威胁是什么

态势感知主要针对各种各样的网络电磁攻击, 特别包括了大规模分布式攻击, 这种攻击模式让人觉得对手的攻击能力超出了我们关键系统的防御能力。无法对复杂攻击的源头进行归因定位导致了在网络电磁对抗中日益扩大的不对称性。

在本主题领域内，我们关注的主要是信息系统领域内的网络电磁攻击以及决策者如何解析、应对、减弱这些攻击效果。尤其值得关注的是针对信息系统的攻击可能会造成潜在的战略性影响，比如，大规模停电事故、银行系统的信用缺失。攻击行为可能会来自内部人员、使用伪造证件的敌方人员、僵尸网络或其他来源，或多种来源的混合。对攻击行为的深入认知非常关键，尤其是对于系统防御、系统修复、确定真正的敌人或唆使者、强化针对类似攻击的系统、阻止后续攻击等行为。归因判定也应当考虑空壳公司，如流氓软件经销商，他们的营业模式就是为非法行为提供基础设施。针对归因判定中的这些大的问题，有许多公开研究的领域，比如我们还没有提到的主机服务非法提供者的数字指纹问题。(参见第 9 章)

抱有各种不同目的而发起的大规模攻击已经广泛见诸报道，但最近有一个共识是掌握高技术的非国家层面的攻击者的首要目的是经济利益[GAO2007, Fra2007]。欺诈点击、哄抬股价和对实时市场的操纵等证明了从网络电磁犯罪 (不用破坏被攻击系统) 中获利是可能的。在这种背景下，态势感知应明确包括法律约束威胁模型及优先级，以及经济利益的获取方式。

对于国家行为体而言，当前关注的目标是关键的基础设施和政府系统。在一段时间内，敌人可能只是窃取一些敏感数据，而不会摧毁目标系统。在这种情况下，态势感知应明确地包含对政府威胁模式的认知和关注。共享这类认知信息尤为重要，由于它也可能会导致发现额外的弱点和漏洞，从这方面来看该信息又非常敏感。

此外，目前已出现两种完全不同时间尺度上的严重的攻击手段。一种是传统的网络电磁攻击，其攻击速度比人们的反应时间要快，这种攻击仍然需要加以关注。另一种是"位于底层、攻击速度较慢"的可能很隐蔽的攻击，这种攻击的攻击过程分为一系列步骤，并可能会延续很长一段时间。对这两种不同攻击方式的态势感知会需要采取不同的方法和手段。

8.1.3 谁是潜在的受益者? 他们各自的需求是什么

尽管所有的计算机及信息系统产品的用户都是我们所要讨论的大范围攻击行为的潜在受害者，但他们将从改进的态势感知系统中受益。我们应该首先开展工具开发和技术研究工作，帮助在表 8.1 中所列出的群体，表中同样列出了他们各自的挑战与需求 —— 尽管表中所列内容并不全面。

表 8.1 受益方、挑战和需求

受益者	挑战	需求
系统管理方	被隐藏在海量数据中的攻击所压制,对自身管理域之外的观察力有限	及时检测、展现攻击行为,与同行跨管理边界的共享。有效的补救措施
服务提供方	大规模攻击下的服务持续提供能力,认知新型攻击,并与同行共享	攻击归因。识别并隔离感染系统。可靠 IP 地址映射至相应管辖权,以支持与执法方的有效协作
执法方	识别并起诉犯罪者 (个体和新兴网络电磁犯罪集团)	与服务提供方和管理方的协作。数据采集、展现、对证据质量的分析。最终犯罪者的判定
政府	大规模攻击下政府和民用系统的持续可用性,国家级响应的协作	攻击检测。对关键基础设施部门攻击的早期识别。与私营部门以及国家/地方机构的共享。归因判定
军方	拦截对国防系统的攻击,维护系统在攻击下的持续可用性,预防关键数据失窃	攻击的早期检测与识别。归因判定。以上所述所有需求

由于针对某些网络电磁攻击的应急响应需要快速的反应时间,因此态势感知应考虑这些因素,我们将自动响应系统的开发者和用户都认为是用户集的一部分,以促进研究发展。

8.1.4 当前的实际情况怎么样

入侵检测/预防系统、安全事件关联系统等态势感知系统已在管理域得到了应用,但是大量的分析工作仍然是通过人工查阅日志文件进行的。目前,在提供可视化或其他分析工具,以提高对海量数据的认知能力方面已有一定研究成果。但这些研究有着特殊的目的,且尚处于实验室阶段,没有在其他领域大规模应用。跨域相关安全信息的共享对于大规模态势感知是必不可少的,但是目前只是临时性的和非正式的。在一些例子中,数据通过组织共享,但是可共享的信息种类是受限的 (例如, 仅仅是网络数据的包头)。

入侵检测/预防技术已得到广泛应用, 但是随着网络流量增加、攻击会更加隐蔽、特征库会相应增大, 仍不足以应对新的攻击方式、攻击者常常采用加密技术使得数据包载荷特征分析变得困难,许多人质疑入侵检测防御系统的有效性还能持续多久。对大规模攻击的响应在很大程度上仍是非正式的,是通过私人间的信任关系和电话沟通来实现的。这种情况使得不同领域间的快速响应或协作变得非常困难或者说是不可实现的,因为这些领域各自的管理者相互并不认识和信任。(例如,A 域的管理者如何能够证明 B 域的某个用户是攻击者,进而说服 B 域的管理者采取纠正措施?)

在事件/数据的相关领域,整个产业已经取得了重大的进步,一些安全信息和事件管理 (SIEM) 的商用产品已经在市场中广泛销售。这些产品为数据及时清理和警报管理做出了很大贡献。尽管如此,这些系统并不能够适应海量数据的可视化,同时在其领域之外的应用并不广泛。

我们需要考虑防御方 (终端主机、基础设施组件、企业、互联网) 的观点。互联网供应商需要一种有关企业用户的 "内部" 视图,因为通过每个域对由其内部发起攻击信息的过滤 (出口过滤) 对实现协同安全有益。防御方通过边界路由器同时也在向外查看对等网络来监控流入其的攻击信息 (入口过滤)。这种入口过滤对于前述的协同感知响应是很必要的。

供应方之间的信任缺失、可伸缩性问题、局部防御部署等问题使得归因判定在某些情况下很困难。有关隐私的规定、对数据清理技术无效的担忧同样是归因判定面临的障碍。不同国家间、或同一国家不同地区政府间不同的法律制度的差异同样使归因判定难以正确实现。关于网络电磁安全事件的处理方式需要进行国际间的对话,这样攻击者就可以被识别、起诉,或阻止其后续的破坏。

包括归因判定在内,对于态势感知十分重要的许多领域都已经取得了进展。诸如 IPsec 和 IPv6 等协议使用验证的扩展包头,在某种意义上使得对攻击源的伪装比在目前的 IPv4 网络中困难,尽管如此,这些消息验证技术还无法解决利用已感染机器攻击第三方的根本问题。因此,本章的内容与恶意软件探讨 (参见第 5 章) 有着重要的联系。

目前有一些安全事件信息共享的论坛,包括:SANS Internet Storm Center's dshield [ISC],它把自己定义为协同网络安全团体; Phish Tank[Phi],它允许防御者团体提供已知的或有可能的网络钓鱼攻击案例。网络钓鱼是一类常见的欺诈行为,能够利用用户提供的个人信息,进而进行身份窃取、身份欺骗、非法金融交易等其他非法活动。

由于用户隐私、对防御情报泄漏的担忧和法律责任等原因, 域间安全信息共享、攻击者位置及意图判定等方面取得的进展也很有限。

8.1.5 当前的研究状况如何

攻击检测的研究以快速特征提取和发布为方向正在快速发展, 以减少零日攻击造成影响的时间窗。

出口过滤正在越来越广泛地用于对可能正在泄漏的内部资产的行为进行识别。这种出口过滤 (或者一般来说叫 "无差别内部审核") 同样适用于网络服务提供商、企业、家庭计算机用户。

可扩展的信息处理 (例如, 数据压缩), 数据挖掘, 统计分析及其他类似的技术均能够用于态势感知。更快的连接速度, 更低廉的数据存储成本带来了巨大的挑战与机遇。

在归因判定方面, 正积极开展对追溯技术的研究。尽管如此, 大部分方法仍然依赖于协同防御, 并在无法大规模部署的情况下效果不佳。技术高超的攻击者很容易避开目前部署的大部分追溯系统。

目前, 一些研究试图为攻击意图进行建模, 用来预测攻击者下一步的行为, 但仅取得了有限的成果。另外, 大部分网络电磁安全领域的学术研究使用了不适当的对手模型, 它并不能捕捉高级别对手对复杂系统的实际攻击方式。如前所述, 我们短期的目标是对攻击者行为进行建模以更好地预测攻击行为。长期的目标是通过改进的归因判定拦截非法行为并采取适当行动 (例如, 与有组织犯罪对立的合法组织合作)。大部分这方面的研究都侧重于上述的短期目标而不是长期目标。

在尊重隐私的同时共享有效数据, 在低信任度的情况下验证域间共享数据, 共享经济 (共享市场), 在保证隐私和匿名的前提下的共享等都是重要的研究问题 (参见第 10 章)。除技术上的难度外, 共享的政策和法律障碍同样需要解决。共享可以让用户得知是否是攻击行为的一部分, 是否需要采取行动, 并使用户得知全局的态势。PREDICT 数据库中的法律框架或许是可用的 (http://www.predict.org)。目前存在一些信息系统相关的国际合作案例, 这些案例可以为协同识别威胁提供参考。国际蜜网协会也提出了另一种共享模型。

归因判定有不同的种类。在少数用户团体中, 用户会同意将监视作为系统访问的条件, 因此判定什么人干了什么事会很简单。同意监视的策略可能不会得到广泛应用, 因此来自互联网攻击的归因判定仍然很困难。第二种归因判定应与隐私需求和言论自由保持平衡, 而言论自由问题被提出是由于归因判定要求流量要全部置于监管之下。

8.2 未来方向

8.2.1 如何对本主题进行细分

我们将这个主题划分为如下类别:

(1) **收集**。确定收集什么数据; 开发数据收集、监视链维护 (参见第 9 章)、确认、组织的方法。

(2) **存储**。决定如何保护本地数据, 如何有效访问存储数据, 如何建立报告责任体制, 如何确保完整性, 以及数据的存储时间和存储形式。

(3) **分析**。分析数据、提炼内涵, 寻找潜在有用信息, 识别安全事件, 计算相关元数据。

(4) **呈现**。提炼安全事件及其相关背景信息, 形成企业级态势感知; 确保响应措施的同时保证归因判定的取证质量; 呈现过程可能会对数据进行清除和修改, 以尊重隐私权, 或满足 "谁允许看什么" 方面的信息分类需求。

(5) **共享**。开发跨域的感知和共享机制, 以向适当的团体提交相关数据, 如网络运营者和执法者, 并保护用户隐私、公司及国家安全的敏感数据, 维护系统防御态势。

(6) **响应**。确定能够缓解事故的局部、跨域的响应系列行为。这包括阻止持续危害的措施, 修复造成的损害, 预先改变安全配置, 为归因判定和起诉收集证据。

这个框架可能会被认为是由包义德的 OODA 循环 (观察, 定位, 决策, 行动, http://en.wikipedia.org/wiki/OODA_Loop) 衍生而来。同样, 对于物理安全系统,"响应" 可能会进一步分为延时、反应、缓解几个步骤。防御者的某些行为可能会延缓对手最终攻击目标的实现。这种有效的响应为挫败对手目标意图争取了时间。另一种响应会寻找改善态势感知质量的附加信息。如果有效响应不可实现, 那么缓解对手行为的影响同样是有价值的行动。很多响应方案需要跨组织的协作, 对这类行动来说感知态势共享就显得尤为重要了。

8.2.2 主要的研究差距是什么

攻击特征的提取和传播能力不足, 很多 "传统攻击" 在出现后的很多年仍然在互联网活跃着。传统攻击手段仍然存在的原因有很多, 例如, 脆弱的系统管理, 系统管理支持不足, 逐渐增多的缺乏专业系统管理的高网络带宽用户系统, 未控制报废系统的重复使用 (如, 便携式电脑再次使用), 旧式代码或硬件在新的应用或设备中使用。这些现象说明目前需要研究更好的系统管理工具。同时, 还需为提高管理状况良好的系统的抗毁性开发更好的工具, 这些系统所处环境中的其他系统可能管理很脆弱。另外, 对新式应用或设备进行快速检查, 来检验老的漏洞是否存在也是有益的。

在入侵检测领域仍然存在明显的瓶颈, 目前部署的入侵检测系统 (IDS) 无法满足需求, 特别是分布式相关检测需求。特别地, 面对日益增多的攻击样式, 通过增加特征库容量检测识别攻击行为的方法已经无法发挥作用, 急需研究新的检测手段。

对加密载荷进行攻击检测也面临着日益严峻的挑战。现在许多僵尸网络使用的是加密指挥控制信道, 目前的研究正是基于这点开展的。例如, 利用某些信道中的加密信息作为攻击检测的依据。但是, 越来越多的合法应用也将采用加密传输信息, 因此, 还是需要新的检测手段。

归因判定仍然是一个难题。在当前大多数情况下, 尽可能地获取攻击源 (节点、进程、操作者) 的相关信息是有益的。但是这样做会引起隐私问题、法律问题和取证问题。例如, 为保障公共安全需要对所有互联网行为进行归因判定, 而要保障民主社会的言论自由又需要某些社会行为是匿名的。我们同样需要为攻击归因判定定义粒度, 在某种情形下, 归因判定的粒度可以是计算机或本地网络级别的, 也可以是域级, 甚至是国家级。另外, 对手利用感染网络 (如僵尸网络) 隐藏攻击源的能力正越来越强, 同时, 由于价格下降, 攻击时使用一次性电脑已经和采用一次性手机同样普遍了。对手正越来越多地使用诸如 fast flux 的技术, 它能够迅速伪造 DNS 地址, 这使得识别并摧毁对手的网络变得非常困难 [Hol2008]。

8.2.3 本主题研发中的典型问题是什么

采集存储相关数据。了解如何识别、采集, 并最终以适当形式存储态势感知数据。这可能包括网络中心数据, 如保持对等层连通, 域名解析档案, 路由变化等。另外, 为实现数据共享和下行数据检索, 数据可能会被合并和/或清理。例如, 底层告警, 内部/外部视图, 系统级或应用级告警, 不侵犯隐私或组织安全前提下根据需要对数据包进行校验, 支持快照和记录的存档文件, 外部部署的监视基础设施 (如蜜网) 等。最后, 网络和主机之外的数据也是关系密切的, 例如, 在对所谓的俄罗斯商务网 (RBN) 的跟踪

过程中就需要对于 "阶层" 的相关知识。

对上述多种数据源进行采集的过程中, 我们在克服数据库障碍 (如规模和组织) 的同时, 要意识到对手也在意图破坏这些数据源。因此, 需对数据源维护技术开展研究 (参见第 9 章)。

海量数据的分析。分析或评估必须考虑数据的庞大规模和多种类型, 并认识到从上述多种数据源采集的数据大部分是无用的。数据和分析应该支持不同的粒度, 例如, 边界网关协议 (BGP) 路由, DNS 查询, 国家代码顶层域集 (TLD) 中的域, 长时间形成的重复交互模式, 公司与个体之间的非期望连接。这些产生的数据应能够自动归档并易于重建。在攻击归因判定和态势感知中数据源的可用性都起着非常重要的作用。

新的大规模数据表征方法。庞大的数据量对形成数据及时、简洁、信息量大的表征方法提出了挑战。可缩放显示、带有精确地理位置的显示、支持可变化细节等级的缩放显示只是待解决难题中的一部分。维持原始数据的挖掘能力, 并将挖掘结果扩大到一种高级的、人类能够感知的视角是未来的研究方向。

协同采集、检查、归档。非公开数据的协作采集及后续的检查、归档、关联 (例如协同推断路由)、生成可用元数据是重要的待研究问题。目前, 数据库相关问题大量出现, 包括大型数据库处理、可用元数据的定义和起源等, 比如溯源、输入确认、多级安全性 (MLS)。这种类型的归档能够同时支持研究与应用。确定 "共享什么" 和 "共享程度怎样" 也存在困难, 这些困难可能在多个层次上都有体现。例如, 在可信任团体内部应控制什么、共享什么, 我们能够由可能的非合作对手实体观察到什么。

态势感知的跨界共享。跨界共享需要可信的系统, 或其他途径来快速确定何时共享信息是安全的, 而不是随机确定。在 P2P 系统中进行信誉研究是可行的。多种问题会随着新的解决途径而出现。少量的报道就可能会造成误会, 因为表决机制并不能保证决策的正确。要证明组织处于被攻击状态是很困难的 (可能需要提交流量采样, 从而造成防御信息泄露, 并被可能存在的欺骗所影响)。我们需要推动跨领域共享技术的研究工作。

多时间尺度粒度态势感知。我们必须认识到态势感知可以在多时间粒度下生成和表示。对位于底层、速度较慢的攻击, 如涉及内部威胁调查的攻击行为, 其攻击过程会持续很长时间 (几年或几十年) 并且会存在多个攻击切入点。相比之下, 自动响应则需要毫秒级的态势感知能力。时间粒度对于用户来讲是透明的。

表 8.2 中列出了典型的实现方法。

表 8.2 典型实现方法

类别	定义	解决范例
数据采集与分析	理解整体可信性的威胁及失败的潜在风险	整合误用和抗毁性威胁的广泛误用和威胁检测
大规模分析	对分布式系统、企业攻击进行分析的新方法	具备综合分析工具的可信系统
跨域及多粒度态势感知	多种时空分析的融合解析	对可能结果和风险的智能关联解析

8.2.4 什么样的研发是可持续的、基础性的、高风险的, 甚至是革命性的

在采集工作方面, 近期和中期的研究工作应包括对数据类型、数据源、数据采集方法、数据分类的识别; 定制数据的选择; 软硬件组件和子系统的仪器化。长期的目标是研制能够自动监视和审查的系统。在研究工作中的挑战包括数据和数据率的快速增长、潜在监视信息需求的变化以及隐私问题 (参见第 10 章)。

在分析方面, 由于规模问题, 系统和攻击的复杂性等, 目前基于特征的方法已经不能满足长远需求。短期来看, 攻击筛选方法应作为研究方向。传输加密和 IPv6 使得许多攻击难以达到目的, 但同时也增加了分析的难度。长远来看, 概念上的突破应与威胁研究同步, 甚至超前于威胁研究。例如, 一些僵尸网络的指挥控制 (C2) 传输已经开始加密。理想情况下, 自发监视系统使得敌方几乎没有或根本没有空间进行操作而不被察觉, 或至少能够利用附加的分析对攻击行为进行检测。这样的系统并不是基于特征来监测攻击行为, 从根本上打破了限制。从安全的角度看, 这种系统能够可靠地判定自身是否正以可以接受的安全模式运行。此类系统在设计时需额外考虑监视和分析的实现方式。

态势感知和攻击归因依赖于检测技术的发展。目前, 后续攻击行为的时间预测和攻击意图判定方面仅取得的成果很有限。目标分析技术的发展能够更好地识别公共目标, 并据此判定攻击方。这项工作能够帮助防御方利用暴露的 "攻击表征" 判定/阻碍攻击意图, 或评估防御方式, 选取性价比最高的防御方式提高防御能力。相关攻击建模技术较适合做为中期的研究目标。在该领域内, 博弈论和威胁建模方面的研究进展很有限, 但应把其作为长远发展的目标。威胁和对手建模同样能够为归因判定提供帮助,

同时能够为实现阻止未来网络电磁攻击这个终极目标提供技术支撑, 将它作为中长期研究方向也是合适的。

信息展现技术依赖于数据裁剪、告警管理、挖掘能力等领域的持续发展。从近期来看, 由于新型可视化设备为信息显示提供了新的方式, 虚拟分析技术的兴起会带来有益的发展方向。目前, 态势感知信息显示方面一个新的挑战已经显现出来, 即信息显示要同时满足越来越多的大显示屏 (显示墙) 显示需求和手持显示 (如黑莓手机) 需求。建议在远期研究中考虑利用一种新的替代显示方式 (如可拖动、缩放的图) 以应对各种可能情形。另外, 推断和预测也适合作为长期研究目标。我们从有助于人员理解和反应的角度出发开展信息显示相关研究。而底层、速度较慢 (持续时间较长) 的攻击的可视化也是一个难题。近期和中期的研究目标是评估不同的态势感知信息显示方式对分析者或决策者执行能力的影响。

信息展现方式需要了解用户是人还是自主代理; 对智能代理或其他自动响应技术的依赖意味着需要为此提供 "态势感知信息", 以为这些技术的设定行为提供背景知识。在自动响应行为需要比人为响应行为更为迅速的情况下, 需要对基于代理的防御方法开展研究。这是一个中期需要解决的信息展示问题; 而当代理协作的需求被提出时, 这又是一个长远需要解决的共享问题。有一点很重要, 自动响应对对手来讲可能是一种攻击手段, 能够更改代理或其他自主响应工具所需态势感知信息的能力是一个潜在的漏洞。

相关信息的共享跨越了从安全告警到感知信息共享的各个层次。共享能够形成全局态势感知和认知, 能够为可靠归因提供支持, 并可使局部响应服从全局形势。目前, 需要研究的内容包括在适当隐私保护、共享边界调整的情况下的共享方式、跨自主系统时的共享内容、可能的市场机制等。而共享信息误用、共享欺诈、错误信息等问题也亟待解决。

对响应措施的研究既是局部的 (在企业、自主系统内部) 又是全局的 (跨企业和自主系统)。理想情况下, 目前和以往的研究成果应该能够支持有效的响应过程。当它在实体间共享时, 共享信息应能够支持有效的局部响应, 同时保证隐私需求等其他信息清理需求。还要在这些方面开展研究, 比如鉴别可用信息来源、证明建议行动方案的可行性等, 其他的研究问题还包括恶意阻塞 (可能更适合转移和观测)、受损资产修复 (恶意软件研究中面临同样需求) 方案的优选。尽管响应机制并不是态势感知的直接组成部分, 但响应方案需要态势感知信息作为支持, 而态势感知信息可能会推进某种响应措施的改进 (例如, 变换采集的数据以改善归因判定的质量)。

因此, 响应和应对方法技术方面的进步能够直接影响对态势感知的需求。

8.2.5 资源

态势感知需要采集获取不同属性集的相关数据, 并分析它们的来源。上文已经就采集数据的种类讨论了一些能够支持全局态势感知和攻击归因判定的属性。由于信息采集常常是跨国界的, 因此而建立相应的法律和政策机制 (包括国际合作机制) 是很必要的。另外, 对于共享哪些信息, 如何及时收集信息这两方面来说, 建立跨部门的合作机制也是必要的。例如, 当美国某个医院的病人数据信息系统、德国的一个军事基地、法国教育部门分别遭受攻击时, 这三个部门对于数据共享和记录的需求都是各不相同的。

修订美国法律和政策来加快数据共享和攻击归因判定研究工作的进展是有可能需要的。例如, 机构审查委员会 (Institutional Review Boards, IRBs) 在使个人或组织免受人类学实验的副作用方面发挥了重要作用。在很多情况下, 机构审查委员会由于装备不足而无法进行网络电磁空间安全试验, 而这些试验对判定攻击者的意图和进一步行动是很关键的。政府在确保机构审查委员会有更好的设备来对攻击归因研究发面应该发挥重要作用。在这方面进行一系列较好的尝试是很有益的。

政府的工作还包括制定政策、为研究工作提供资金支持 (行业补助)、采办过程中发挥市场作用等。在入侵检测、安全性软件工程、恶意软件分析、行为溯源、信息共享、可缩放可视化和其他可能影响本主题的领域, 政府已开始资助一些研究工作。同时, 政府还建立了能够支持协同的融合中心、普通试验数据库、试验床。保持上述投资的持续性是很关键的, 特别是对那些短期效果不明显, 需要长期投资的领域。

本主题的研究也依赖于公私间的合作关系, 对这种关系性质的定义是必不可少的。从某种程度上讲, 这也依赖于取得竞争成功的愿景。可以考虑由政府人员、行业人员和研究人员组成集中式网络运行中心 (NOC), 该中心的政策和组织结构都旨在实现无缝协作。另一种观点认为支持不同网络运营商共享态势感知信息的分布式能力是必要的, 但此时整体态势中的不同部分是和不同的系统任务相关的。

本章关注的是信息领域的针对网络电磁空间攻击的防护, 但是, 对手对信息域的网络电磁攻击可能会选择将其攻击步骤与其他三个对抗域 (物理域、认知域、社会域) 一起交错进行。研究能够适应所有四个对抗域的态势感知和归因判定工具也是必要的。

8.2.6 成功的衡量

衡量所取得的进展有很多方法和指标,例如获取有效态势感知信息时节省的人工时间; 对攻击空间的覆盖范围的扩大; 基于攻击行为所造成的影响, 分析判别主要威胁与次要威胁以及需实时响应的攻击与不需实时响应的攻击; 响应的改善与补救时间的缩短; 归因判定的及时且有说服力。所有这些问题都需要对前文所述的不同属性集数据的可靠采集。

基于这些属性,可以在给定组织安全性目标的前提下从较高的层次定义成功的标准。例如, 一个组织的主要目标是维护用户对特定服务的访问, 这时可以通过对一些变量的观察和跟踪来衡量, 包括提供某些服务所需服务信息的可用主机预计数量、预计的近稳态数量和数量增长趋势。

成功取决于对敌人的及时识别、防御措施快速展开以及对受感染系统的修补。另外一种成功度量与真假阳性的讨论有关, 即有效的态势感知应该能够对已检测到的攻击的潜在影响进行准确分类。无论对于真实攻击或是在实际的试验床进行的模拟攻击, 我们都需要回答如下问题:

(1) 是否能够辨别一般性攻击和严重的战略攻击, 例如通过识别对关键部门的有目的的攻击。

(2) 是否能够通过跨信息边界的共享来实现协作响应。

(3) 是否能够快速隔离攻击的中间媒介。

(4) 是否能够通过某种降级使用的应急策略来维护或快速恢复系统关键功能。

(5) 是否能够为重要归因判定收集可用数据。

我们需要建立一套量化攻击影响的方法。许多利益团体的需求是在大规模攻击来临时维护系统的持续运行。

8.2.7 测试和评估所需的条件

一些关于测试床的研究是在线的 (例如, 已经建立 DETER 测试床实验室, http://www.deterlab.net) 或已在计划中; 这些测试床可以同其他测试床联合起来, 通过仿真解决规模及跨域问题, 推动态势感知的发展。大粒度的态势只能对特定方法的效能做初步的粗略估计。在互联网级别的态势感知中, 这些测试床可以为恶意软件和僵尸网络的相关研究提供支持。

8.2.8 能对真实系统测试到的程度

目前,已经有试验环境部署了网络电磁安全样机。我们应该通过定义接口和标准,建立开源的框架,并建立与部署实体的相互关系。这个题目的许多成果需要广泛部署以便更有效地支持测试和评估工作。蜜网协会是一个很好的部署平台,相对于商业系统,它的抵触性较低,且对隐私问题的关注性较小。而在技术及组织/决策领域,由于需要保证被试系统的隐私及安全性,试验鉴定工作同样存在着重大困难。

这个领域研究所产生的技术涉及到单机级别的组件 (如自监控系统)和全局组件 (可靠地定位机制)。对于前者,研发工作应在被试系统研制之初与研制方同步进行,以确保最终的解决方案的可采纳性。而后者的成功则需要法律、政策、互联网管理方面新的架构。

第 9 章

溯源

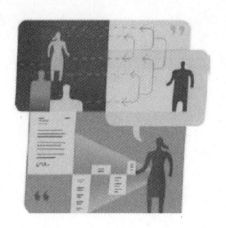

9.1 背景

9.1.1 问题是什么

个人和组织在日常工作中都会处理数据并基于数据做出决策。这些数据来自于许多不同的数据源,而且数据在从数据源到数据使用者的流转过程中,会被大量的实体处理、转换、解析、整合。如果缺乏对于数据源和数据中间处理过程的认识,就难以评价数据的可信度和可靠性,从而也就无法评估在决策过程中这些数据的真实价值。

溯源是针对计算机相关资源的来源及操作历史而进行的一系列监管及记录,这里的计算机相关资源主要指硬件、软件、文档、数据库、数据及其他实体等。溯源包括谱系图,与其相关联的是一个关于数据依存关系的全向图;溯源也包括数据跟踪,这主要指对数据分配及应用信息的维护,从而确定数据的去向及应用方式。

溯源同样关心对原始数据源的任何后续更改, 及在数据生命周期对信息和资源的其他处理。信息可以以多种形式存在, 包括软件、文本、电子表格、图片、音频、视频、专用文档格式、数据库等, 信息同样包括有关信息和信息转换的标签元信息, 如编辑、其他形式的标记、概述、分析、不同介质间的转换、格式化、溯源标记等。通常来讲, 溯源更关心信息的完整性和可靠性及标签元信息, 而不是文档中的信息内容。

溯源同样可以用来跟踪对信息的更改 —— 例如, 提供从其他来源生成文档的过程记录, 提供不同版本的更替记录 (如在并行版本管理系统[CVS]), 内容转换 (如自然语言翻译和文件压缩), 格式转换 (如从 Word转换为 PDF)。

溯源的粒度可以是整个系统, 也可以是多级安全、文件、段落、行、甚至比特。对于某些应用 (如访问控制) 来说, 一个比特的溯源都可能很重要。溯源本身也需要再溯源, 即对溯源信息进行溯源标记。信息溯源系统能够提供不同等级的确信度, 并实现不同等级的响应措施。考虑到某些情况下溯源信息较底层信息更加敏感或机密, 处理溯源信息的策略会很复杂,并且会根据不同的应用和粒度有所改变。

为保证溯源的准确性, 我们需要高可信度的系统对信息及其他资源的应用方式及更改进行可靠的跟踪。如同所有计算机系统一样, 溯源跟踪的安全性并不是绝对的, 溯源跟踪系统的可信度与溯源对信息和资源的用户的价值是相关的。举个例子, 对于一组作者共同完成一篇文章并需要出版时, 即使文档修改的历史并没有采取针对非授权修改的保护措施, 文档准备系统中简单的更改跟踪处理也能够提供足够的溯源跟踪信息。另一方面, 同样的处理方式对于法律取证就不适合了, 这是因为更改跟踪机制不能确保更改历史本身的真实性。

9.1.2　潜在的威胁是什么

如果没有可信的溯源跟踪系统, 数据以及基于数据的处理都将面临着威胁, 包括诸如软硬件来源不详; 对数据溯源的非授权篡改; 对可能受保护溯源的非授权泄露; 对溯源的错误归因 (故意的或其他情况)。

9.1.3　谁是潜在的受益者? 他们各自的需求是什么

法律、财务、医学等科学领域将开始使用溯源标记, 其他将会从溯源维护系统中受益的领域包括关键基础设施提供部门 (如在 SCADA 和其他控制系统中), 应急响应部门, 军方人员及其他决策者。这些领域的用户需要从不同信息源获取可靠的信息, 并通过复杂的信息处理系统传输、整合、分析、存储、展示。对于信息源, 必须进行识别、维护和跟踪, 使用户能够正确可靠地理解做为关键决策输入数据的溯源信息, 从而做出合适的决策。

另外, 管理维护溯源所需的海量数据需要新的技术。迄今为止, 溯源信息较易管理的部分原因是溯源信息量并不大。现在, 地理空间信息收集系统按规划将具备每秒处理千兆字节的能力, 同时通过大量其他传感器网络收集的数据量也将急剧增加。在 20 年之内, 政府部门的潜在敏感数据量将达到 EB 字节 (1TB=1000 GB, 1PB=1000 TB, 1EB=1000 PB)级别。面对如此大量的信息源, 大数据量溯源信息建立及处理系统必须能够自主且高效率运行。

值得注意的是, 在某些情况下, 有可能溯源信息的缺乏反而很重要, 例如, 需向公众公布的信息必须无法进行归属判定。

9.1.4 当前的实际情况怎么样

珠宝 (如, 声明你的钻石来自无流血开采, 你的金银制品是高纯净度的, 款式并不是抄袭其他的设计师)、爆炸物 (如硝酸钾)、服装等的物理溯源标记工作等都展示了溯源的价值, 使对这些产品的产地追踪成为可能。几百年来, 诸如蜡封和签名等的文档标记一直被用于确保高价值文档的可信度。最近, 在法律、审计及医疗等领域也已开始使用一级鉴定溯源标记。

目前, 对于日常溯源信息的采集及维护需求, 相关工作还处于起步阶段。财政部门 (部分受 Sarbanes-Oxley 需求的推动) 已开始研发新技术以实现对数据集来源、汇聚、编辑的跟踪。制作文档的软件的用户可能对通过溯源信息表格更改跟踪信息的特征很熟悉, 尽管这份表格并不需要十分准确可信。

溯源本身的安全性一直都未得到直接关注, 例如, 几十年来, 软件开发团队一直利用版本控制系统对代码的变化进行跟踪, 并利用它对历史版本代码进行检验和使用, 类似的情况在科学计算界也存在。

9.1.5 当前的研究状况怎么样

目前, 关于溯源的研究很大程度上是被不同应用和领域的特殊需求驱动的。毫无疑问, 这些研究在相关专业领域将会发挥重大作用。

正在研究中的信息与资源溯源相关热点包括:

(1) **科学计算中的数据溯源与注释**。Chimera [Fos2002] 允许用户定义由数据集和转换脚本组成的工作流程。而后系统跟踪调用, 并标注相关运行环境输出信息。myGrid 系统 [Zha2004] 被设计用来帮助生物学家完成基于计算机的实验, 系统允许用户在网格环境中对工作流程进行建模。CMCS [Pan2003] 是面向化学家的工具集, 它能够管理诸如燃烧研究领域的专用实验数据。ESSW [Fre2005] 是面向地球学家的数据存储系统, 系统能够跟踪数据的衍生过程, 从而跟踪错误, 提高大规模数据集的维护质量。Trio 是一个数据仓库, 它能够利用数据的衍生关系自动计算数据的精确度。Bose 和 Frew[Bos2005] 的调查中也可见到更多相同的例子。

(2) **溯源感知存储系统**。溯源感知存储系统能够支持对溯源元数据的自动采集与维护。正如系统维护普通文件系统的元数据的方式, 系统创建新的对象的同时即创建其溯源元数据, 并对溯源信息进行维护, 见 [PAS]。衍生文件系统 [LFS] 在程序执行时记录输入文件, 命令行选项及输出文件, 在 SQL 数据库中存储记录信息, 并能够利用这些记录生成衍生文件。

(3) **软件开发过程中对计算机取证、证据、更改控制的监管链**。Vesta [Hey2001] 方法利用溯源信息实现了软件架构的可重复利用。

(4) **开放式溯源模型**。开放式溯源模型是最近为捕获溯源信息提出的抽象数据模型。模型的目的包括以下四方面: ① 方便不同系统间溯源信息交换; ② 支持溯源工具的开发; ③ 定义支持溯源信息查询的核心推理规则集; ④ 支持任意对象的溯源技术中立数字表示方法, 不论对方是否由计算机系统产生。见 [OPM2007]。

(5) **生成过程管理**。生成过程管理和评估架构 (Pedigree Management and Assessment Framework, PMAF) [SPI2007] 能够使网络中心条件下的智能采集评估环境中的信息发布者在信息被处理与评估的过程中记录信息源、采集样式、修改记录的标准溯源元数据。

有关更深入的背景知识, 可参见第一届 USENIX 研讨会中溯源理论和现状的相关会议记录 [TAP2009]。

9.2 未来方向

9.2.1 如何对本主题进行细分

溯源可以分为三个主要类别, 每个类别均可以再细分如下:

(1) **表示:** 溯源信息的数据模型与表示结构 (粒度和访问控制)。

(2) **管理** (创建; 访问; 标注 (利用溯源元数据标记原始文档/资源); **编辑** (在生命周期中溯源标记特定的细粒度更改); **裁剪** (由于性能、安全性、私密性等原因删除溯源元数据); 确认; 撤销)。

(3) **展现**(查询 (请求溯源信息); **呈现** (显示溯源标记); **警告** (当溯源信息缺失、泄露或检测到欺骗行为时提醒))。

其他需要考虑的有关方面还包括:

(4) 系统工程 (人机界面; 工作流程含义; 语义网页)

(5) 法律, 政策, 经济问题 (规则; 标准; 执行; 市场动机)

以上详见表 9.1 所列。

表 9.1　潜在实现方法

类别	定义	潜在实现方法
表示	溯源信息的数据模型与表示结构	多粒度, 访问控制集成
管理	永久分布式溯源的创建与撤销	集成分析工具的可靠分布式嵌入
展现	查询、显示、警告	可用的人机界面
系统工程	安全实施	集成可信系统
法律、政策、经济问题	对社会的影响	规则、标准、执行、动机

9.2.2　主要的研究差距是什么

目前在溯源和跟踪技术的研究过程中还存在着大量瓶颈需要攻克, 这就要求以更加高层宏观的角度审视这一系列的问题, 多领域共同努力, 集智攻关, 推动技术发展, 使溯源研究的相关团体共同受益。

下面列出了一些研究瓶颈, 在其后的注释字母 R、M、P 分别指表示 (representation)、管理 (management)、展现 (presentation), 大写字母表示高相关度 (R, M, P), 小写字母表示低相关度 (r, m, p)。

(1) 研究能够进行有意义粒度的信息溯源标记的定义与方法。溯源的分类方法。(R)

(2) 从目前标记语言的发展趋势看, 元数据与底层数据的界限已不明显 (如同 XML 中一样), 因此恰当的区分我们所关注的数据完整性与溯源信息完整性面临着挑战。(R)

(3) 研究溯源信息加密、全部或部分匿名的方法, 以保护信息源。(R)

(4) 溯源信息可信度的表示方法。(R)

(5) 裁剪溯源信息, 删除并整理与隐私、性能目标的无关项。(RMP)

(6) 溯源信息的有效表示方法。终极的目标是有效表示每一比特数据的溯源信息, 这样可以在时间和空间耗费成本最小的前提下, 实现以比特为粒度的数据转换。(RMp)

(7) 伸缩: 解决方案能够按比例有效放大或缩小。(R)

(8) 处理不同种类的数据类型和数据传感器, 域确定, 以及依赖性跟踪。(Rm)

(9) 局部的或可能的溯源信息 (当过程监视并不绝对可靠)。(RMp)

(10) 处理老旧系统。(RM)

(11) 处理内部/外部溯源信息, 当内部/外部溯源信息均可用时, 如何保证其一致性。(RMp)

(12) 开发并采用基于现有研究成果的工具。(RMP)

(13) 集中式溯源与分布式溯源。(M)

(14) 保证溯源信息的可信性 (监视过程的完整性)。(M)

(15) 跟踪: 信息和资源的去向及使用方式?(M)

(16) 考虑到安全性与保密性的可用溯源信息。(Mp)

(17) 信息溯源系统应与过程监视、审计与数据取证方法相关。溯源应与这些相关服务相关或提供支持, 而不仅仅是功能上的重复。(MP)

(18) 用户界面。在大通信处理量的同时处理大量不同来源的数据, 如何通知终端用户, 信息的完整性体现在哪些方面。(P)

(19) 聚合信息的用户需要能够区分非可靠信息与准确信息。利用信息本身识别并传播信息源及其衍生产物 (或聚合信息) 的监管链非常重要。(P)

9.2.3 本主题研发中的典型问题是什么

(1) 计算机应急响应团队 (CERT) 需要能够验证系统漏洞及其定位信息的来源; 当他们发布警报时, 能够证明相关信息来源的准确性与可靠性。例如, 为避免发布基于竞争对手所散播虚假信息的警报, 他们还需使用户相信所发布信息并不是来自谣传 (虽然认证能够解决这类问题)。

(2) 当基于计算机的取证、监视数据及其他计算机相关事项作为法律执行的证据时, 要具有充分的完整性, 经得住专家的推敲。

(3) 由犯罪行为的统计分析推出错误的使用模式。

(4) 医疗保健信息, 尤其是对其的数据访问和数据修改。

(5) 身份偷窃及欺诈行为的检测及防范。

(6) 财政部门 —— 例如, 相关的内部人士的信息, 资金转移, 以及部分匿名交易。

(7) 数字权限管理中进行溯源嵌入。

在上述例子中, 部分溯源信息需要加密或匿名, 以保护源端的身份。

9.2.4　什么样的研发是可持续的、基础性的、高风险的, 甚至是革命性的

信息溯源带来了很多的挑战, 但相对较小的技术进步就可能会造成重大的影响。例如, 可以开发一种粗粒度的信息溯源工具, 它能够标记在企业内部网络传输的或在数据中心存储的文档, 并可将这些标记提供给决策者。尽管这种设想中的工具并不监管所有用于创建文档的输入, 但对于可疑信息溯源的某些方面, 它能够提供相对可靠的保证。为巩固现有成果及标准, 寻求一种能够使溯源工具和标记不断增长的模式是很重要的。越来越多的人认为, 溯源应该是一个关于数据的静态类型系统。静态类型系统是为避免多种编程语言和框架的运行错误而出现的。类似的, 可以建立一种信息溯源系统, 通过比较溯源信息与政策需求, 避免某些类型的数据误用。

9.2.5　资源

考虑到上述多个研究瓶颈, 技术研究, 实验测试床, 试验鉴定, 技术转化等发面均需要大量的资源支持。

9.2.6　成功的衡量

成功的标志之一是能够追踪大型系统中信息的溯源, 这种大型系统能够处理并转换多种类型数据。包含大量老旧系统在内的多种传感器和信息系统并没有专门的设计来维护溯源信息, 这也是领域内的主要挑战。

红队能够进行额外的分析 —— 例如, 评估植入错误信息和破坏溯源机制的难度。

同样的, 置信等级指标也是需要的 —— 例如, 评估信息的预期准确度, 或评估信息达到一定准确等级的概率。

更一般地来说, 分析工具能够用于对溯源的指标衡量。

在日志记录详细的环境中, 利用归档文件更改信息对溯源进行交叉校验也为成功提供了标准。表示的有效性也是一个有价值的指标, 可用来度量溯源维护和处理的经费。将溯源中人的作用考虑在内的衡量标准也是合适的 —— 特别是, 如果他们能够识别出人们根据溯源信息区分可信信息和伪造信息的能力如何。

9.2.7 测试和评估所需的条件

对新型溯源系统进行试验鉴定具有很大的挑战性, 因为早期采用此技术的领域可能会根据溯源数据做出关键决策。因此, 错误溯源的影响是巨大的。

应将如下的潜在试验床应用考虑在内:

(1) 在医疗系统中, 令人难堪的或与保险相关的个人身份信息可能用于确定关键的身体保健措施。

(2) 应急响应系统应该能够向决策者提供更加可靠的溯源信息 (例如, 谁必须或谁已经成功从建筑物中撤出)。

(3) 法律行业的溯源系统。

(4) 信用历史及评分 —— 例如, 信用历史数据的溯源可能会减少因信用报告出现错误时得到抵押的办理时间。

(5) 托管服务; 版权历史; 人员通行检查系统。

第 10 章

隐私安全

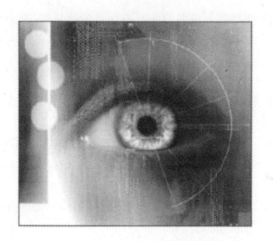

10.1 背景

10.1.1 要解决的问题是什么

隐私安全的目的是让用户和组织机构更好地表达、保护和控制他们私有信息的机密性, 即使当他们选择或者被要求与别人分享这些信息时。**隐私安全**由数个独立却又紧密相关的内容组成, 包括匿名、伪匿名、机密性、查询保护、监视和适当的可访问性。同样也关注保护那些需要获取秘密信息的实体 (比如个人、公司、政府机构等) 的隐私保护。本文没有试图阐明在各种不同的环境下哪些信息应该被保护或者被公开的问题, 但是却突出了为安全地控制秘密信息的获取和使用而提供的技术手段所面临的挑战和解决方案。下面给出一些受限共享私有信息的情形。

(1) 需要对事物本身进行证明的 (例如, 居住证明);

(2) 不同程度的匿名 (儿童在线保护、犯罪和疾病的受害者、现金交易、选举);

(3) 在不泄露更多不必要信息的前提下, 使有限的信息公开足够保障安全;

(4) 身份契约与管理;

(5) 多方访问控制;

(6) 对于分享的安全、威胁信息和审计日志的秘密保护;

(7) 二次使用的控制;

(8) 对于已公布的错误信息的纠正, 特别是在没有得到必要用户许可时;

(9) 为了法律执行和国家安全而采取的有效、恰当的信息访问;

(10) 突发医疗事件 (例如, 对某些药物的过敏反应的信息需求)。

10.1.2　潜在的威胁是什么

对于计算机系统来说, 对私有信息的威胁可能是内在的或者是表面的。与内部人员相关的计算机内在安全威胁包括: 错误、偶发事故、错误配置和对权限的错误使用, 同样包括内部人员对系统安全缺陷的入侵。与外部人员相关的内在安全威胁 (例如, 侵入) 包括了潜在漏洞利用的各种入侵攻击技术。外在的威胁发生在信息为用户所见或者可通过外界媒体 (通过打印机、电子邮件、无线传输等等) 访问的时候, 此时已经超出了源系统的验证、访问控制、审计跟踪以及其他监视的范围之外。

隐私安全的核心问题是对隐私信息的披露和使用之间的两种针锋相对的观点。本文不对两种观点哪种更合法发表看法, 也不讨论如何解决它们之间的争论。隐私安全研究的目标是为保护与使用隐私信息的两方观点提供必要的表述和权衡工具。

10.1.3　谁是潜在的受益者? 他们分别需要什么

这个主题的受益者很多而且类型多样。他们经常存在直接的竞争利益。可能很难得出详尽的名单, 但下面给出了一些例子。

(1) **个人**: 那些基本不想泄露更多隐私信息, 除非为了实现特定目标 (交易、医疗等), 同时希望保证公开的信息只用于需要的和授权的目的个人。其他组织 (例如信用信息管理机构) 发现和纠正错误数据的能力也是必需的。

(2) **组织：**除了特殊目的而不想披露所拥有信息的组织。

(3) **研究团体：**需要获取准确、细致和完整数据用于分析、测试假设、提出潜在治疗方案或解决方法的研究机构 (例如医学研究和社会科学)。

(4) **执法部门：**需要获取个人信息用以展开全面调查的执法部门。

(5) **国家安全或情报部门：**在保守美国人及其盟友成员秘密的情况下，检测并阻止多家和非国家行动者进行恐怖活动和敌对活动的国家安全或情报部门。

(6) **金融机构：**需要访问数据来分析寻找金融欺诈行为线索的组织机构。

(7) **医疗行业：**为了医疗目的、计费、保险和汇报的需要而获取病人私有信息的医疗行业。

(8) **生产部门和市场：**进行数据探取以决定生产趋势、发掘潜力客户、按照客户需求调整商品供应的产品生产厂商。

(9) **商业开发，伙伴和合作者：**选择性地将私有数据展示给特定受众用于竞争一个工作、从事一项合作式的经营、寻求合并者等类似工作的商业开发者、伙伴和合作者。

(10) **社交网络：**需要在一个团体内分享个人信息同时防止那些信息被滥用 (如钓鱼攻击)。

(11) **政府部门：**需要收集并选择性分享信息用于人口普查、疾病防控、税收、进出口控制、商业规则制定等目的。

10.1.4 当前的实际情况怎么样

隐私安全问题是包含了法律、政策和技术问题的复杂混合体。在这些方面的努力正是为了尽力适应网络电磁空间无处不在的信息共享发展需求。尽管相关挑战早被认识到了，但是解决方法却进展缓慢，尤其是在技术方面。目前没有一个普适的统一的体系框架，既能表明和强调对私有信息保护需求，又可以确保合法的信息共享。在技术方面，在跟隐私相关的某些应用领域已经取得一些进展。当前得到应用了的隐私保护技术相关样例列举如下：

(1) **访问控制** (例如自主型的与强制性的、基于角色的、基于能力的和数据库管理系统授权)，目的在于限制什么样的人员能获取哪些的信息。但这很难通过配置以获取期望的结果，同时常常是粗粒度的并且不能较好地对应用于实际的隐私和数据使用策略。

(2) **加密存储与通信**可以防止敏感数据的大量丢失和泄露, 但对防止因特权滥用和系统安全缺陷而造成的数据非法访问无能为力。

(3) **匿名凭证系统**可在没有必要的身份公布的情况下进行验证 (例如 shibboleth [shib])。

(4) **匿名技术**, 例如混合网络、洋葱路由、匿名代理服务器和抗审查访问技术, 它们都试图掩盖身份与信息之间的关系。

(5) **一次性技术**, 例如一次性验证和智能卡片都是有用的。

同时, 也有一些众所周知的良好方案, 如果持续使用, 同样可以提高隐私防护技术水平, 它们包括:

(1) 使用可信系统和完善的系统管理措施, 它们具有强有力的认证、多种访问控制和广泛的监测功能;

(2) 坚持最少权限原则;

(3) 适当地减少数据留存时间;

(4) 在传输和存储过程中保护数据 (例如, 加密);

(5) 进行敏感信息的威胁分析;

(6) 对审计日志的访问进行审计 (检查它们, 而不是仅仅保存);

(7) 隐私政策协商和管理。

10.1.5　目前的研究状态

隐私安全看起来需要建立基本的信任体系以反映隐私需求。它同样需要能够降低泄密风险的方法, 因为泄密可能在使用数据挖掘之类的技术时有意无意地发生。为了减小这类技术在隐私方面的负面影响, 可用的思路有能够保护各个站点隐私的分布式关联规则挖掘算法、不需解密的加密数据查询方法以及一种用于减小泄密影响的新的构想, 它可以在不用知道原始数据分布的情况下限制泄密。

当前数字版权管理技术还没有应用于隐私保护, 它可以用于保护分散的信息数据, 例如医疗记录和集体所有数据, 它允许信息的创建者在信息已经交于第三方后依然保留一定程度的访问控制权, 或是具备在后期识别信息非法访问者的能力。数字版权管理方案面临的一个巨大挑战是公平地确定谁来控制版权分发的问题。例如, 医疗信息应该由谁控制呢? 病人、医生、护士、医院、保险公司或者是他们的一些组合? 他们中任何一个都是医疗信息中不同部分的创建者。信息溯源 (见第 9 章) 和隐私在确定谁对医疗信息进行处理这个问题上是需要交互考虑的, 它们都在影响着系统和信息的完整性。

　　这里列举了很多有趣的正在进行或计划中的与隐私相关的研究。例如，下面就是个值得参考的例子。NSF 的可信计算项目已经在近期规划中明确将隐私包括进去 (http://www.nsf.gov/funding)。加拿大的国家研究委员会资助的一些研究项目同样与隐私相关 (http://iititi.nrc-cnrc.gc.ca/r-d/security-securite_e.html)，英国也对隐私和监管进行了研究，包括一份技术路线图 (http://www.raeng.org. uk/policy/reports/pdf/dilemmas_of_ pri-vacy_and_surveillance_report.pdf)。

　　下面列出其他与隐私相关的研究内容：

　　(1) 微软隐私数据库研究 ((http://www.research.microsoft.com/jump/50709 和 http://www.microsoft.com/mscorp/twc/iappandrsa/research.mspx);

　　(2) Presidio 项目：合作政策和得到保证的信息共享 (http://www.projectpresidio.com);

　　(3) 斯坦福大学网页安全研究：隐私数据检索 (http://crypto.stanford.edu/websec/);

　　(4) ISAT 的隐私安全通报 (http://www.cs.berkeley.edu/edu/~tygar/papers/ISAT-finalbriefing.pdf);

　　(5) 海军研究实验室：隐私增强技术中的信誉问题 (http://chacs.nrl.navy.mil/publications/chacs/2002/2002dingledinecfp02.pdf);

　　(6) ITU 在安全、隐私、立法等方面做的工作 (http://www.itu. int/ITU-D/cyb/publications/2006/researchlegislation.pdf);

　　(7) DHS 关于 ADVISE 计划的报告 (http://www.dhs.gov/xlibrary/ assets/privacy/privacy_ rpt_advise.pdf);

　　(8) UMBC 可保证的隐私保留数据挖掘，获得 DoD 授予的 MURI 奖 (http://ebiquity.umbc.edu/blogger muri/);

　　(9) 匿名通信 (http://freehaven.net/anonbib);

　　(10) 统计研究团体，例如知识发现和数据挖掘研讨会 (http://sigkdd.org);

　　(11) 隐私度量体系框架 [Pfi+2001];

　　更多内容参见 http://www.itaa.org/infosec/faith.pdf 和 http://www.schneier.com/blog/archives/2007/03/security_plus_p.html。

10.2 未来方向

10.2.1 如何对本主题进行细分

基于研究与发展路线图的目的, 隐私信息共享可以分为以下几类, 直接反映出前文提到的那些差距。如表 10.1 所列。

表 10.1　可能的解决方案

类别	定义	潜在方法
选择性的信息披露和访问数据的隐私保护	支持隐私政策的技术	不同的粒度, 整合访问控制和加密
规范结构	分布式溯源中的创建和撤销	可实施的政策语言, 分析工具
其他隐私问题	支持隐私的政策和过程	隐私相关的规范政策、法律、标准和经济模型

这些类别包括:

(1) **数据的选择性披露和对隐私的访问控制**: 理论基础和系统工程;

(2) **提供隐私保证的规格框架**: 明确隐私政策的语言, 特别是可直接实施的; 对侵犯隐私的定义; 对侵犯隐私的检测;

(3) **政策问题**: 建立隐私政策、数据核对、更新传播、数据完整性的隐私内涵。同样也包含了**立法**(现有法律中限制技术发展的方面, 未来法律中可促进技术发展的方面, 司法权的问题)、**标准**(最好的实践, 与萨班 - 奥克利法案类似的隐私标准, HIPPA) 和**经济**及**安全**(例如 http://www.cl.cam.ac.uk/~rja14/econsec. html)。

10.2.2 主要的研究差距是什么

下面是一些需要说明的隐私安全方面的研究差距。

1. 选择性的信息披露和隐私访问控制

(1) 通过技术手段进行选择性的信息披露需要构建坚实的基础, 技术手段有: 基于属性的加密、基于身份的加密、防止多方同谋的广播加密、隐私信息检索 (PIR) 和不经意传输;

(2) 如何在共享数据的时候, 降低任意用户推测出个体身份信息的可能性 (美国统计局长期以来都在关注这个问题);

(3) 非破坏性的同时不会使分析失效的数据清理技术;

(4) 更一般地, 维护可用于研究的数据质量, 同时保护隐私, 并防止通过剖析或时间分析对源数据的去匿名化;

(5) 需要不可逆的内容单向变换, 可以在不泄露原始内容的情况下展示出与原始数据的统计特性一致性;

(6) 海量数据的隐私和安全拓展很不容易 —— 例如维护个人数据元素的隐私就很困难;

(7) 用户与信息之间位置上的关联也需要隐私保护, 尤其是对移动设备;

(8) 低延迟混合网络可以做到匿名化, 但还需要深入研究;

(9) 缺少对数据保留限制的强制机制;

(10) 类似于网络追踪数据的安全信息的共享也需要隐私控制。

2. 规范结构

描述隐私授权的规范结构很不完善或者根本没有。尤其需要依赖于政策内容的数据共享和使用的规范和实施。

3. 政策问题

(1) 个体与集体的隐私区别不明显。

(2) 如今对个人虚假信息的发布无法很好地处理。然而, 随着隐私保护的增强, 鉴别信息的有效性也将变得更加困难。

(3) 从某些人那里获取的信息可能用来对其他人的信息进行的推测。

(4) 需要与隐私有关的数据收集分享政策, 尤其是关于利用隐私数据可以作什么的政策。例如, 谁是基因信息的利益相关者? 信息保留限制需要什么政策?

(5) 通信发展带来了更多的隐私问题, 这些问题涉及到对信源、信宿和可能泄露信息的传输模式 (即使已经有数据保护措施)。

(6) 需要制定处理侵犯隐私、检测侵犯、侵犯后果和弥补损失的相关政策。

10.2.3　本主题研发中的典型问题是什么

一些问题域看起来与此特别相关, 如医学研究的数据挖掘、医疗记录、搜索查询的数据挖掘, 统计记录以及大学的学生记录。

10.2.4　什么样的研发是可持续的、基础性的、高风险的, 甚至是革命性的

1.　近期

(1) 获取自动化的隐私政策需求: 借鉴 P3P;

(2) 政策语言开发;

(3) 实施最好的方案;

(4) 对通信隐私中的法律问题进行研究。

2.　中期

(1) 匿名证件;

(2) 基于角色的访问控制 (Role-Based Access Control, RBAC);

(3) 基于属性的加密;

(4) 分布式的 RBAC: 无中心的强化机制;

(5) 在推测和积累过程中防止过度披露而采取保护措施;

(6) 数字版权管理技术在隐私中的应用;

(7) 在不暴露查询的情况下检索加密数据, 更一般地来说, 对加密数据进行计算处理。

3.　长期

(1) 隐私信息提取 (PIR);

(2) 多方通信;

(3) 使用隐私等级;

(4) 抗对数据的主动去匿名攻击;

(5) 开发隐私度量技术。

10.2.5　改变游戏规则

(1) 有限的数据保留;

(2) 任意两个数据库都应可以在不损害隐私的情况下组合 (隐私可组合性);

(3) 可抵抗时序攻击的低延迟隐私通信。

10.2.6 资源

本主题为研究密集型,特别需要测试床来验证有效性,需要后续技术转化以验证研究可行性。这将需要相当多的来自政府财政、公司和类似于医疗机构的应用型机构的大量投入,以确保研究的相关性和有足够的可用于实际应用的测试床。同样需要引起隐私部门的认真关注的是要确保这些方案都能充分地保护隐私。

10.2.7 成功的衡量

对于数据挖掘和身份窃取相关问题的一个目标是量化用户对敏感信息保留及其传播的控制的能力 (即使在信息已经离开用户之后)。相对于数据挖掘,隐私的量化是最近才刚刚提出的,方法还很原始。例如,在不知道信息背景、不知道从信息中可能推理出什么的条件下,很难量化公布个人信息会带来什么样的影响。因此评估和完善相关指标是顺理成章的。

需要实际有效的衡量方法来评估隐私和信息的附属价值。

进展/成功的度量如下:

(1) 在媒体发布侵犯隐私事例的频率。

(2) 数据库衡量: 是否可以不用真实数据就能模拟一个数据库? 通过随机的方法清理数据的有效性如何? 我们能使用这种方法得到相关指标吗? (统计团体已经在这方面开展了工作,以确定有意模糊的数据集的统计相似性)。对于数据库中有意隐藏信息的个体来说,需要进行多少次的查询才能得到明确的个体数据呢?

(3) 破坏隐私的敌对因素。

(4) 风险分析: 目前已经应用于安全领域 (尽管有些偶然)。风险分析能有效的应用于隐私 (保护) 吗?

(5) 身份诈骗保险的成本。

(6) 被盗身份的黑市价格。

10.2.8 测试和评估所需的条件

可用的数据集的访问是重要的, 例如:

(1) 人口普查数据 (参见 http://www.fedstats.gov);

(2) Google Trends;

(3) PREDICT (例如, 网络流量数据, http://www.predict.gov);

(4) 医疗研究数据;

(5) 电子邮件数据 (例如, 开发垃圾邮件过滤器)。

可能的试验实验台包括:

(1) 隔离的网络及其用户;

(2) 虚拟社会。

另外, 隐私方面的红队同样会有所帮助。

第 11 章

可用的安全

11.1　背景

11.1.1　要解决的问题是什么

　　制订安全政策常常是人们自然的反应, 它产生于对某一突发问题的响应, 而不是基于对清晰的目标和要求以及对风险的深刻理解和分析而提前计划好的。这种基于响应的模式造成了安全性的行为危及系统的可用性, 而系统的可用性问题又反过来对安全造成损害 —— 甚至会使旨在提升系统安全性的行为失效。通常, 随着系统安全性的提升, 它们的可用性就会降低, 因为增强安全性的措施一般会引入让用户难以理解的方法, 增加了用户与系统交互的复杂程度。任何经常使用互联网的人都很容易为不同网站而保存大量不同的账户密码, 或者对无数的应用程序中的安全漏洞频繁的打补丁。很多用户会被一些弹出对话框困扰，这些对话框通常对出现的问题不给出直观的解释，甚至也无法区分哪些是正常合法的行为，比如阅读的邮件到底是来自朋友还是来自钓鱼网站。这些对话框一般会被忽略或者盲目地接受。

人们使用信息系统开展各种工作实现不同的目标。除非这些手头上的工作本身与安全相关，否则必须考虑安全性对用户实现其主要目的的干扰。当今系统采用的典型的安全手段一般会增加系统使用的复杂性，因而给用户造成困惑或者阻碍。在安全控制与安全风险之间的关系不清楚时，用户可能不清楚如何才能最好地与系统交互，既能完成自己的主要目标，同时使风险最小化。即使对风险有一定的认识时，安全应用带来的挫折阻碍可能使用户漠视、避开和禁用安全控制，从而使安全增强措施带来的潜在好处失去作用。

安全技术必须具备可被从普通用户到专家和系统管理者在内的人群普遍接受的可用性。而且，系统在保证安全的同时也必须保证其可用性，没有可用性的安全也就意味着没有安全。人们越来越认识到对可用的安全的需求以及实现可用的安全的难度。在尝试解决可用性与安全性的挑战过程中，若干指导性原则是值得考虑的。另外，当我们这里提及可用安全时，实际上我们特别关注可信系统，其可用性已经通过前期的需求、建设性的结构、完善的系统和软件开发实践以及明智的操作等等设计进去了。就像前文中提到的，几乎每个系统组件和开发过程中的每一步都有可能损害到系统的可信性，系统的可用性差更是一个巨大的隐患。

安全性问题必须尽可能地透明。例如，安全机制、政策和控制对于用户来说应该直观而清晰，并适用于每个用户。特别是安全控制和安全风险的关系，必须以可理解的方式呈现给使用的系统用户。

在系统生命周期的每一个环节，用户都应该被视为是系统的一个基本组成部分。必须清楚了解诸如新手、普通用户、专家、系统管理者等不同用户与系统交互的不同假设和需求。总的来说，普适的方法是不存在的。

安全性原则与操作约束的相关教育必须普及开来。安全问题不可能完全被隐藏或者透明。用户希望以最简单的方式达到目的，而他这样做会与存在的安全风险之间常常发生冲突。帮助用户认识其中的权衡利弊绝对是可用性安全中的关键问题。

安全指标必须充分考虑可用性。尽管有人会争辩说一个带有某种安全控制的系统原则上应该比不带有安全控制的同等系统更安全 —— 例如：一个支持客户端/服务器身份验证的浏览器与一个不支持的相比。但实际上一个应用了安全控制的系统安全性并不一定更好 (甚至会更差), 如果它的安全控制的引入影响了可用性, 反而会驱使用户禁用安全措施甚至选择其他可用性更好但不安全的系统。

11.1.2 潜在的威胁是什么

缺少可用的安全而带来的威胁已经在前文中进行了广泛深入的讨论。但这些威胁与前 10 个主题中讨论的威胁多少有些不同, 这是因为前 10 个主题中讨论的威胁更有可能是由于合法用户的不作为、疏忽和错误产生的, 另一方面, 类似于其他主题中的内部和外部人员误用威胁也是由于缺少可用性而引起的。

11.1.3 谁是潜在的受益者? 他们各自的需求是什么

尽管实现可用的安全是一个普遍问题 (它影响到每一个人, 而且如果我们能够将其作为安全中的一个核心问题加以解决, 每个人将从中大大受益), 它将从各个方面影响不同的用户, 这取决于应用、环境、政策及用户角色等等。其中的指导性原则可能实际上是普适的, 但如前文所说的并没有普适的解决方案。可用的安全问题如何以不同的方式影响不同领域用户的例子如表 11.1 所列。

表 11.1　受益者、挑战和需求

受益者	挑战	需求
非技术型用户	不熟悉技术和术语, 不清楚安全威胁	安全默认设置: 当用户需要时, 可以自动地以简单的、直观的解释提供帮助
临时用户	安全前景的改观; 延迟的安全维护 (例如防病毒更新, 软件补丁) 制约了需求和系统的使用	自动的离线系统维护; 从安全控制到自主使用学习模式的自动化改装
经常性的用户和专家型的用户	对于无技术用户来说隐藏或者不灵活的安全控制; 强行弹出的安全对话框	适应用户使用模式的安全控制; 安全控制接口应是不引人注意也不强制弹出的, 但在需要时可以快速接入
特殊需求的用户 (例如可视、听觉、马达驱动控制等方面挑战)	从安全的角度讲类似于其他用户, 但增加了特殊接口需求引发的挑战	满足特殊需求的安全控制可适应性 (如生物识别技术); 例如, 指纹阅读器可能不能适应有动力控制挑战的用户

(续)

受益者	挑战	需求
系统管理者	覆盖不同类别用户的系统配置和维护; 发展中的安全威胁和政策	根据组织的政策和用户的需求, 优化有助于自动配置系统的工具; 优化监视安全状态和对安全事件做出反应的工具
系统设计者	教育和培训中缺少对安全性和可用性 (两者其一或全部) 的重视	为可用安全设计标准并把最优的实践方法形成文档
系统开发者	在开发过程中因增加安全和可用需求而带来的复杂度	将可用性和安全性因素统一的集成开发环境
政策制定者	在获取和表述安全需求方面及将它们与组织工作流程相关联的困难	表达和评估安全政策尤其是关于权衡可用性 (生产效率) 和安全性之间的工具

11.1.4 当前的实际情况怎么样

尽管安全技术的重要性已经被广泛的认同, 但它常常被视作生产效率的障碍。安全性很不为非专业人士所理解, 而且禁用或者削弱安全措施带来的后果又常常是间接的, 难以被立即察觉, 同时安全问题带来的最糟的后果可能反而是那些非直接相关的人察觉到的 (如信用卡欺诈), 以上这些因素都导致系统用户从根本上质疑安全技术的应用价值。

同时, 对安全问题的清醒认识也已经越来越普遍, 技术开发人员也在他们的产品和系统中为安全问题投入更多的精力。然而, 总的来说, 可用性不像安全性那样更容易被软件从业人员所理解。这个现状使得可用的安全性的问题更具挑战性, 因为它实际上包含了两个很难独立解决的难题。

如果试图提升系统的安全性 (更广义一点, 可信性), 系统的可用性很容易随之下降。许多当前的安全系统都依赖于用户操作行为 (例如密码的键入) 或做出决定 (例如是否接受 SSL 证书)。举例来说, 某个电子邮件系统要求用户每 8 小时进行一次重新验证, 以确保他们确实是合法授权用户, 这个要求直接降低了系统可用性。还有, 如一些网页浏览器在任何脚本运行前都向用户发出提醒, 但是用户可能依旧浏览每个网页都有脚本的服务器, 结果每个网页都会弹出警告, 严重影响了用户体验。

许多不具备可用性的安全措施的潜在影响是对社会工程攻击的易感性的增加。可能会有攻击者向用户发送电子邮件诸如 "更改配置让你的系统更好用"、"这个补丁必须手动安装",攻击者还可以通过帮助用户掌握难以使用的系统来获取用户的信任。因此,系统中必须建有对社会工程攻击的防护能力,从系统开发的初始阶段就要考虑适当的需求和衡量指标。

这项工作现状中的一些例子可以帮助说明在可用的安全方面存在的挑战,从中可以学到一些东西并发现一些有前景的发展方向。

可用的安全的一个正面的例子是透明的文件系统加密技术。在其引入之初,文件加密技术对于专家来说都是十分的难以配置的,而且附加了很大的系统开销。密钥管理要么很繁琐,要么就是只用一个密钥或者较少的几个。现在许多新的操作系统提供即用型的全盘加密,这种方法并不比用户密码更复杂,也不会明显降低系统性能。

然而,更多的混合样例也说明安全技术在可用性方面是多么的不足。

(1) **密码:** 多年来,实施的不好的密码方案带来的安全问题被大量地记录在案。当用户不得不将密码写于纸片上或者存储在未加密的便携设备时,密码泄露的威胁将大于强健的密码带来的安全性提升。不过,密码常常被简单地认为是可用的安全机制,并在这方面作出了很多努力 (如经常性更换密码、不使用字典词汇、包含非字母符号等)。帮助用户选择好的密码和管理密码的工具被吹捧为可以同时增强安全性和可用性。然而,为了使密码对于增强安全性更加有效,密码就必须足够长而且非常复杂,以至于用户都难以记住它们,从而严重影响了其可用性。

(2) **安全弹出对话框:** 无论在安全控制的自动化和透明化上方面付出了多少努力,都有一些无法避免的情形要求用户做出安全相关的决定。当前不幸的是,对用户参与的要求过于频繁,而且通常以一些对非技术用户来说很难理解的方式进行,反而导致前面提到过的负面影响。

(3) **邮件验证:** 有一些用于证明合法邮件发送者的机制,例如 SPF (Sender Permitted From)。域密钥识别邮件 (Domain Key Identified Mail, DKIM) 是一种电子邮件验证技术,它使接收者可以验证邮件是否来自它自称来自的地方。对于终端用户来说操作是透明的,可以轻松发现可能的垃圾邮件和钓鱼攻击这两种依靠域名欺骗的恶意行为。一些大型的电子邮件服务者如今都支持 DKIM。

(4) **客户端证书:** 如今,大多数被广泛使用的网页浏览器及电子邮件应用支持通过基于公共密钥的证书来进行用户验证。但这项技术并不被非专业用户充分理解,通常由于客户端证书被集成到程序中,使得用户对证书的使用和管理变得不透明和麻烦。

(5) **SSL 安全锁图标:** 这种方法表面上是安全的,但它的局限性却不容易被认识到。例如, 它可以是被完全伪造的。此外, 它是否出现也可能会被忽视。

(6) **"可信网站"**: 这是一种类似于证书认证的方法 (例如 Google, Net Trust)。尽管它看起来提高了可用性, 但是许多使用者可能无法充分理解从用户不了解的系统中接受的可信信息的含意。他们也不大可能充分理解哪些因素有益或者有害。

(7) **CAPTCHA 系统**: CAPTCHA (Completely Automated Public Turing Test to tell Computers and Humans Apart) 系统是一种意在确保对象是人而不是计算机的反应检验机制。对大多数网络用户而言, 所熟悉的一种 CAPTCHA 系统就是歪曲的字母或词组的图片, 只有正确输入才能访问某些服务 (如免费电子邮件账户)。为了使 CAPTCHA 系统有效的区分人类行为和计算机行为, 其途径必须是对计算机来说困难而对人来说相对容易的。已经证明这种相对关系很难实现, 导致 CAPTCHA 系统要么对计算机太简单要么对人太困难。开发 CAPTCHA 系统另一个挑战是满足用户的特殊需求。

(8) **未考虑文化差异和个人能力缺陷**: 例如, 某个种族的人在辨识另外一个民族人群的不同面孔时很困难, 这就可能导致可用性的差异。类似的, CAPTCHA 可能会依赖于文化。另外, 面孔认知障碍症患者无法通过视觉区分人, 这可能会严重削弱他们面对不同插图的验证码和其他 CAPTCHA 系统时的辨认能力。

(9) **政策与集中式管理**:缺乏对不同用户适应性的现象很普遍, 另一方面, 期望用户自己完成安全性/可用性权衡评估的想法是不明智的。

(10) **联邦身份管理**: 跨域访问是十分复杂的。简单的方法如单点登录可能会导致信任缺失。相反, 管理太多密码又不具备可操作性。在通用访问卡 (CAC) 系统、DoD 通用访问卡 (整合了认证、文件加密、电子邮件和密钥契约) 等类似可识别安全漏洞的访问控制卡片方面, 需要开展更多工作, 在这些系统中, 可用性相当关键。

(11) **PGP、S/MIME 以及其他保证电子邮件安全的方法**: 过去许多在邮件环境中进行封装加密的尝试都因缺少无缝的可用性而受阻。

(12) **链接**: 钓鱼攻击, 跨站点脚本和其他与虚假 URL 相关的问题, 都让人们备受困扰。URL 可能的确增强了系统可用性, 但对它们的恶意使用又会严重削弱系统的安全性。

(13) **在域验证证书中安全属性的负荷超载**: 人们过于信任安全证书或者在使用中被大量的证书淹没。

(14) **撤销**: 应对改变一般都很困难, 当系统需要撤销时其可用性也可能受到损害。如果在系统设计之初对其可用性和可认知性没有仔细的考虑, 系统的撤销机制可能会导致意想不到的后果。

11.1.5 当前的研究状况怎么样

下面是对一些当前研究工作的简要总结, 以及其中还存在的研究瓶颈, 背景材料请参考 [SOU2008]。

(1) **可用的验证**。例如, 存在可视密码及其他各种验证方法, 但它们都需要进一步的工作以确认能否有效工作。当前这些方法通常非常难以使用, 而且看起来不大可能用于有大量密码的情况。

(2) **用户安全**。目前受到资助的安全相关的可用性研究包括 CMU Cylab C 的 CyLab Usable Privacy and Security Laboratory(CUPS), 以及斯坦福大学关于网页完整性的研究。CUPS 项目列表及相关说明、论文等可访问 http://cups.cs.cmu.edu。

(3) **系统管理的易用性**。这个领域的研究相对较少, 一个新的方向是研究如何使 Tor 在系统管理中可用性更好。

(4) **高亮标注**能够同时提高系统 (比如, 操作系统、中间件、应用程序) 安全性和可用性 (不止是一种) 的更改。

(5) **重新评估**以前系统中所做的决策和权衡。系统历史对网络电磁安全非常重要但又常常不受重视。

(6) **OLPCB (One Laptop Per Child Bitfrost)** 安全模型。

(7) **集成生物识别技术**到便携电脑中 (如指纹识别、面部识别等): 这些技术现在已经实用化了, 但有好有坏。这对以后的系统管理有好处, 但从用户理解角度看来并不太好。

11.2 未来方向

11.2.1 如何对本主题进行细分

我们考虑进行如下的三类划分, 以形成安全性和可用性方面研究的路线图。

(1) 接口设计 (I);

(2) 可用的安全的评估科学 (E);

(3) 工具开发 (T)。

下面是二级划分，其中包含与 I、E、T 的相关标识：

(1) 可用的安全原则；可用安全的一种分类方法学 (E)；

(2) 对用户及他们与安全控制措施交互的认知 (IET)；

(3) 可用的验证与授权技术 (IT)；

(4) 用于安全的可用性接口设计，可以抵抗社会工程攻击 (I)；

(5) 在系统开发过程中用于提高系统的安全性和可用性的辅助开发工具 (T)；

(6) 适应老旧的系统；

(7) 构建新的系统；

(8) 嵌入式和移动设备的可用的安全 (IET)；

(9) 可用性和安全性的评估方法和度量指标 (E)；

(10) 用户教育以及他们对安全问题和技术的熟悉 (IE)；

(11) 用户反馈和经验 (例如可用性的错误报告)(E)；

(12) 同时提升可用性和安全性的安全政策 (尤其是政策的执行)(ET)；

(13) 评估安全政策的工具；

(14) 可用的安全的市场构建。

11.2.2　主要的研究差距是什么

人机交互 (HCI) 研究在计算机系统可用性的设计与评估方面都取得了很大进展。但是只有很一小部分的研究特别关注与安全相关的可用性。同时，安全研究往往更关注具体问题的解决方法，而很少或者根本不考虑这些方法的可实现性，更重要的是，如何使其对用户和系统管理者透明 (这点更加重要)。从安全业内角度来说他们的确会考虑所提出的解决方案的可行性，但其结果往往是提出新的或者修改过的用于配置与控制安全技术的用户接口组件，这无法解决可用性的根本问题，即大多数用户不能也不想去理解和管理系统中的安全技术，用户只是简单地期望安全技术能发挥作用，而不想自己也参与其中。

总而言之，可用的安全从根本上不是关于安全管理中用户接口的优化，而是从用户、任务及其特征等相关背景角度对安全进行评估，并为适应该背景而对安全技术进行重新设计。

重视可用性和安全性固有的多学科特征是十分重要的。安全研究人员和开发者不能仅仅寄希望于人机交互专家解决可信系统的可用性问题。完全解决这个问题将需要安全性和可用性两个研究团体里成员间的密切合作。一个目标就是发展**应用于安全的可用性科学**。例如，我们需要评估全新方案安全性的办法，并且跳出旧的框架思考可用的安全性。

需要提高安全从业人员在可用性方面的知识。行业内经常抱怨程序员在编写安全程序方面接受的教育太少，但是，即使是那些接受过此类培训的程序员也不一定知道如何同时确保软件的安全性和可用性。就拿安全性来说，可用性不是一个可以轻易加入到现有系统的属性，也不是一个大的团队中的某一个成员就可以向其他所有人提供的属性。这就意味着，广大的系统设计人员、程序开发人员和测试人员都需要深入理解可用性。在现有课程中增加可用性知识是个好的开始，但不能奢望短期内能获得效果。提升那些已经在行业内工作的软件开发者对可用性理解的方法也同样重要。

我们需要确定一个有用的体系结构来讨论与安全相关的可用性，如下所示：

(1) 开创性地研究可用的安全 (安全透明性)。

(2) 确定研发流水线中可以让用户参与可信系统设计的最有用的点。

(3) 开展在如何评估与安全相关的可用性方面的研究。这里我们希望人机交互 (HCI) 研究能对此有显著贡献，人机交互 (HCI) 研究之前已经开发了评估可用性的方法。

(4) 能够显著降低用户接口的大小和复杂度的系统体系结构 (或者是简化接口，或者是将复杂性隐藏在接口内部)，将能为不同类型的用户 (例如管理员) 或不同的策略，提供兼容性接口，而不会丧失完成系统必要任务的能力，尤其是当系统或是组件出现故障时。

(5) 在计算机系统中反应物理世界安全问题的能力。

(6) 从数据的角度考虑可用性。例如，可用性需求会驱动收集一些可能会导致安全问题的数据 (例如，个人识别信息 (PII) 作为验证码)。

11.2.3 难题

(1) 移动设备上的可用的安全；

(2) 可用的相互认证；

(3) 可用安全的可重用 "清除" 提取；

(4) 访问控制的可用管理；

(5) 可用的安全认证证书服务；

(6) 对社会工程的防御能力。

11.2.4　其他可能涉及的领域

(1) 航电设备的可用性: 降低对飞行员的认知负荷;

(2) 安全方面的教训, 尤其是警示科学;

(3) 汽车工业的教训。

11.2.5　本主题研发中的典型问题是什么

一个典型的问题就是帮助用户防范那些在互联网上冒充别人的人。类似于认证证书之类的技术并没有发挥作用。来自于浏览器、工具条和其他插件的关于可疑的网站或电子邮件地址的警告不起作用, 因为用户要么不理解这些警告, 要么感觉使用这些东西太麻烦。应该注意到, 如果使用得当, 这些技术本应该是奏效的。而失效的原因就在于它们不具备简单的可用性。这里的目标不是仅仅找到替代方法, 而是要找到能更好地为普通用户服务的方法。

另外一个典型问题是任意的发送者与接收者之间如何采用一种可用的方法安全地处理电子邮件。从目前使用有限的加密电子邮件的应用来推断, 现存方法的可用性还不够。用户仍然常常被欺骗, 以为那些伪造的电子邮件确实来自所声称的发送者。由于电子邮件的传输路径无加密无验证, 所以遭遇严重后果只是时间的问题。关于加密技术常常不能方便应用的讨论参见 [Whi+1999]。

另一种可能是, 为了达到只有那些应该访问敏感数据的人才能访问的目的而进行办公环境配置时, 可以由那些清楚自己希望达到什么效果的用户完成配置而不只是系统管理的专家才能做到。另外, 如果用户决定更改访问配置, 如何采用一种可用的方式实现严格符合要求的修改 (例如, 对敏感数据的访问限制不能比计划中更多或者更少)?

11.2.6　什么样的研发是可持续的、基础性的、
　　　　高风险的, 甚至是革命性的

短期内, 可以通过研发那些着眼于创新显著的安全技术可以极大的改善目前的安全形势 —— 理想情况下不需要用户直接干预。更基础, 更高风险, 能改变游戏规则的研究将为可信任系统确定基础的系统设计原则, 以

实现可信操作中直接用户责任的最小化。

1. 近期

(1) 将可用的安全研究团队在可用性设计与实施方面的研究成果告知安全研究团队;

(2) 拟定一个可用的安全方面好的实践方法的参考列表, 同时拟定一个对可用的安全的团队期望, 以便安全研究人员在他们的工作中参考使用;

(3) 确认 "好的" 可用的安全方面的共同特征 (同样也包括不好的可用性的共同特征);

(4) 开发一个用于探讨可用性的实用的体系框架 (基于安全性方面);

(5) 在安全性与人机交互研究团体之间建立的跨学科的联系 (与前面的第一点相关);

(6) 寻找让用户参与到安全技术研发进程中的方法。

2. 中期

(1) 可用的访问控制机制 (例如基于角色的访问控制 RBAC 的可用形式);

(2) 可用的验证;

(3) 开发一个用于评估可用性和安全性的通用体系构架。

3. 长期

(1) 可用组件的可组合性: 我们能通过把好的可用组件放在一起来实现特定功能并在整个系统中获得一些可用的东西吗?

(2) 可用安全方面的工具、体系框架和标准。

11.2.7 资源

设计和实现具备可用安全性的系统是一项极具挑战性的难题。这需要在系统整个开发周期中仔细考虑可用性的内在需求, 并通过大范围的评估来确认可用性是否充分。如果这些要求不完整, 将严重影响系统最终的可用性。因此, 在这项挑战方面需要投入人员、处理和软件开发等大量的资源。

11.2.8 成功的度量

必须在可用安全方面建立有意义的衡量指标以及指标的一般性原则。

它们必须在特定的系统和接口开发时被实例化。我们需要衡量可用性的提升是否 (或者从多大程度上) 带来了安全性的提升,并可以在可用性和安全性曲线上找到最佳结合点。可用的安全不是一个非黑即白的简单问题,它还必须考虑投资的收益。

目前我们还没有可以直接对比两个系统可用性的指标 (例如,我们不能肯定地说系统 A 比系统 B 好用两倍),但是我们的确可能有一些能够评估什么是好的可用性的成熟标准。一种可能的方法是为某一典型问题提出一种可用的解决方案,由此来验证用户是否理解它、采用它能否降低攻击的效果范围和严重程度。例如,证明一个更好的反钓鱼方法可以降低用户点击虚假链接的可能性。诚然,这或许只能证明它在一个问题上是成功的,但是这样将能够有效地验证方案是可能的和可验证的,否则很多人可能根本不会相信可用安全是真实的。

11.2.9　测试和评估需要准备什么

以下是一些可能会有帮助的方法:

(1) 在其他领域中将可用性的**测试和评估**作为全部研究的一部分;

(2) 可用性研究的**指引/指南**(参见 Garfinkel 和 Cranor[Cra+ 2005]);

(3) "**可用的安全 101**" 教程,包括如何开发和评估可用系统;

(4) 开展可用性研究的**标准化实验台**(或许可参考 DETER 和 Planet-Lab);

(5) 可用性问题知识库的**匿名报告系统**(或许可参考航空领域的做法)。

11.2.10　能对真实系统测试到的程度

可用性研究需要以真实系统为基础,它不需要以在线的系统来开展真实业务,但需要在人机接口和操作环境等方面与真实系统是一致的。

还需要考虑可用性方面的竞争 (例如,谁能为某一应用提供具备最佳可用性的系统?/类似函数 X 满足安全需求 Y)。一种形象的比喻,就像如何为超市设计更好用的购物车一样。在整个研发过程中建立对可用性的测试和评估是十分必要的。

各主题间的相互关联

本附录主要考虑这 11 个主题域间的关联，即：哪些主题受益于其他主题域的进展？哪些主题对其他主题尤为重要？尽管从研发角度考虑希望能够将不同的主题域进行模块化划分，但同时也希望能够明确地认识到各主题域间的关联性并进行协同利用。

这些主题域间的关联性总结如附表 A.1 所列。

表 A.1　主题关联性表

X: 主题	1	2	3	4	5	6	7	8	9	10	11	H	M	L
1. 可扩展可信系统	—	H	H	H	H	H	H	H	H	H	H	10	0	0
2. 企业级衡量指标	M	—	H	H	H	H	H	H	H	H	H	9	1	0
3. 系统评估生命周期	H	M	—	H	H	H	H	H	H	H	H	8	2	0
4. 应对内部威胁	H	M	M	—	H	M	H	H	H	H	H	4	6	0
5. 应对恶意软件和僵尸网络	H	M	M	M	—	M	H	H	H	H	H	4	6	0
6. 全球身份管理	H	M	M	H	H	—	H	H	H	H	H	7	3	0
7. 系统的生存能力	H	M	M	M	M	M	—	M	M	L	H	3	6	1
8. 态势感知	M	M	M	H	H	M	H	—	M	M	M	4	6	0
9. 溯源	M	M	M	M	M	M	H	H	—	H	H	4	6	0
10. 隐私安全	M	M	L	H	L	H	H	M	M	—	H	4	4	2
11. 可用的安全	M	M	M	M	M	M	M	M	M	M	—	0	10	0
H	5	1	2	7	7	4	5	8	4	4	10	*57		
M	5	9	7	3	2	6	5	2	6	5	0		*50	
L	0	0	1	0	1	0	0	0	0	0	1	0		*3

*X 和 Y 中 H、M、L 的总数

注:H= 高,M= 中,L= 低,分别表示以下的程度:

X 对 Y 成功的贡献程度;

Y 从 X 进展的受益程度;

Y 可能从某种方面对 X 的可信性依赖程度。

正如上表中总结的那样, 几乎每一个主题域都潜在地影响或依赖于其他主题域的成功。主题 X 对主题 Y 的贡献度使用字母 H、M、L 表示, 分别表示高、中、低的贡献度。这些等级划分当然是非常粗略的而且纯粹是定性的。从另一方面说, 任何更加精细的等级划分对本文而言也不会有太多用处。这个表格仅仅是为了说明一些紧密关联的普遍性。

如果某一行中 H 的数目多, 则表明该行所代表的主题域对于其他主题域非常基础、非常关键。即对大多数其他主题域的成功会有很大贡献。

例如: 行 1 (可扩展可信系统: 全 H), 行 2 (企业级衡量指标: 9 个 H), 行 3 (系统评估生命周期: 8 个 H)。

某一列中如果 H 的数目多, 则表明该列所代表的主题域是其他主题域的主要受益者。

例如: 列 11 (可用的安全: 10 个 H), 列 8 (态势感知: 8 个 H), 列 4 (应对内部威胁: 7 个 H), 列 5 (应对恶意软件和僵尸网络: 7 个 H)。

毫不奇怪, 这个表格是非对称的。然而, 其中包含有大量的潜在协作, 例如:

(1) **可扩展可信系统 (主题 1)** 能够增强其他所有的主题域研究。然而, 该主题域的成功也离不开其他一些主题域的进展, 尤其是企业级衡量指标和系统评估生命周期 (它们可以促进可信性的定义和评估), 以及全球身份管理, 系统生存能力和可用的安全, 当然也包括应对内部威胁和应对恶意软件方面的工作。

(2) **企业级衡量指标 (ELMS)(主题 2)** 非常有趣。由于其他所有主题域都必须明确包括本主题相关的度量指标, 因此都对它有一定程度的贡献。在其他的依赖性方面, 完整的和深思熟虑的企业级衡量指标将推动不同主题域的研发工作, 以满足企业级衡量指标的要求。同时也将促进各主题域的指标评估组合称为企业级的指标评估, 而这正是一项主要的研究需求。因此, 这个主题域与其他所有主题域都有双向交互作用, 正如表中行中的 H 项和列中的 M 项所展示的那样。

(3) **系统评估生命周期 (主题 3)** 与企业级衡量指标 (主题 2) 相似。它是几乎所有其他主题域的可信性的基础, 同时也需要其他主题域的反馈推动其演变发展。

(4) **应对内部威胁 (主题 4) 与应对恶意软件和僵尸网络 (主题 5)** 将共享一些共同利益, 尤其是在精细的访问控制和审计追踪的开发和系统使用方面。然而, 必须注意到 "应对内部威胁" 能够对 "应对恶意软件" 有很大 (H) 的贡献, 而反过来的贡献度则要小一些 (M)。这两个主题域都对其他主题域有显著的贡献, 同时态势感知 (主题域 8) 又是这两个主题域的基础, 与内部威胁和恶意软件有明显的关联。因此, 潜在地协同关系将非常重要。

(5) **全球身份管理 (主题 6) 和溯源 (主题 9)** 可以相互受益: 前者可以显著增强后者 (H), 尽管后者能够增强前者的确信度, 但是其对前者贡献稍弱 (M)。

(6) **时间关键系统的生存能力 (主题 7) 与可扩展可信系统 (主题 1)** 有紧密的联系, 因为生存能力是可信性中非常基础的方面。此外, 它还与应对内部威胁和恶意软件紧密相关。

(7) **态势感知与攻击归因 (主题 8)** 对各个主题都很重要。

(8) **隐私安全 (主题 10)** 从某种程度上看, 在双向紧密关联性方面要弱一些。它只是中等程度地依赖于其他主题域, 其他大多数主题域对它的依赖程度也同样。然而, 它是一个非常重要而又经常被忽视的重要主题域 —— 随着越来越多的应用开始严重地依赖于可信计算系统, 这个主题域的重要性日渐突出。

(9) **可用的安全 (主题 11) 是** 各个主题的基础。它对几乎所有其他主题域都有很大的影响, 同时也是其他各个主题域的关键需求。可用性方面的进展将对各个主题产生巨大的双向影响。这将是迭代共生反馈环样例中的一种, 可用性的进展能够对其他主题产生帮助, 反之亦然。

表 A.1 中的低关联度 (L) 数目较少, 似乎看起来有点奇怪。然而, 这恰好证明了 11 个主题各自的重要性以及相互间的协同关系, 以及可信性内在的整体特性 [Neu2006] (这一特性最终要求认真考虑系统体系架构设计、开发、运行的全过程中的关键需求)。如果其中任何一个需求不能得到完全满足将会潜在地损害整个系统 (事实上是整个企业) 的可信性。

为了说明表 A.1 中的所总结的相互关联性的普遍性, 下面将对这 11 个主题进行更加详细的讨论。对每一个主题, 我们将首先讨论其他主题域的成功会如何影响该主题 (即表中该主题相应列所表述的那样), 然后讨论该主题的成功如何对其他 10 个主题作出贡献 (即表中该主题对应的行所表述的那样)。这些更加细致的描述主要是为了方便那些对特定行、列感兴趣的读者, 同时也将对前面 11 章中提出的一些概念进一步展开。

主题 1: 可扩展可信系统

首先考虑其他主题域的成功如何促进可扩展可信系统的发展, 然后再说本主题的成功如何使其他主题域受益。

为推动本主题有效发展特别需要其他主题域的什么能力？

在可扩展可信性的理论和实践方面的研究是关键。尽管某些研究必须依赖可扩展可信系统，但以下主题域研发中的经验也会推动该项研究发展。

(1) **企业级衡量指标** (即应用于系统和整个系统的系统的可信性衡量)：评估方法必须允许低层次指标与最终评估结果的组合性，这种指标和评估的组合方式的规范化将对可扩展系统的可组合性有好处，从而也使系统可信性受益。

(2) **系统评估生命周期：** 系统安全评估方法应当可以方便地用于可信系统的开发，评估本身就应当是可扩展可组合的。与企业级衡量指标主题类似，评估方法方面的进展将使可信的系统的系统的可组合性受益。

(3) **应对内部威胁：** 这方面的各种进展都会使可扩展可信系统受益，包括政策制定、访问控制机制与策略、安全壳及其他隔离形式、抗侵害和防失效操作，以及可用于衡量内部威胁的可组合指标与评估方法。

(4) **应对恶意软件：** 前面主题中与恶意软件检测和防范相关的进展对本主题都有贡献，包括容器式约束性可执行环境 (如沙盒技术)，以及脆弱性分析工具和可组合衡量指标。

(5) **身份管理：** 大规模的信任管理工具将增强系统以及系统的系统的可扩展性和可信性。

(6) **系统生存能力：** 可用的模型和技术，自修复可信计算基 (TCB) 和子系统，鲁棒性分析，可组合的衡量指标及评估都对可扩展可信系统有益。

(7) **态势感知和攻击归因：** 这里尤为感兴趣的是可扩展的分析工具，这类工具必须能够在多个维度扩展，包括系统组件数量、组件类型以及攻击时间范围等。

(8) **溯源：** 溯源机制和政策不断迭代地扩展到整个企业和联邦应用中，并能够在大规模的组件组合中得到维护，这将从整体上增强系统的可扩展可信性。这种机制必须能够抗干扰，同时具备防护和检测的能力。

(9) **隐私安全：** 这里尤为感兴趣的是密码技术 (例如，像与访问控制密切相关的基于属性的功能加密)，能够很容易地扩展用于分布式系统、网络和企业的认证和授权机制，特别是当这些系统已经超越了集中式控制管理模式的时候。

(10) **可用的安全：** 构建可信系统所需的技术应当是便于使用的，这样，任何可用性方面的进展都将从运行层面使系统可信性开发维护受益，尤其当它也有助于可扩展的时候。

对于原型系统、系统的系统和企业级系统,都需要高效费比的测试床和测试环境,来进行高效、及时的评估,并专注于对内 (开发人员) 对外 (用户) 接口设计和可用性指标的可组合性。在规模有限的测试床中准确评估大规模系统的方法将是非常有用的,尤其是当这些方法本身也可以扩展到更大系统时。

本领域的进展如何支持其他领域的发展?

总的来说,本主题域对其他每一个主题域都有显著的影响。可扩展可组合性直接或间接地对几乎所有主题域都有贡献,特别是全球身份管理、时间关键系统生存能力、溯源、隐私安全以及可用性。其中可用性是一个双向依存的样例:一个系统如果不可扩展也不可信,则很可能也难于使用;一个系统如果用户和管理员不能方便地进行操作使用的话也不大可能是运行可信的。此外,可用性还一直与安全评估方法和全局指标之间相互不断补充增强。其他主题域在可组合性和可扩展性方面也都能够受益。衡量指标本身必须是可组合和可扩展的,这样才能扩展为企业级指标。时间关键系统必须能够可预测地与其他系统组合。全球身份管理当然也必须是可扩展的,可用性则必须以一种平稳的方式组合。

与可扩展可信系统相关的更详细的技术细节可能与以下这些问题有关: 什么样的基础构建模块对其他主题域 (如内部威胁、身份管理、溯源) 是有用的? 哪些主题域 (如可用性) 可以组合式地使用这些构建模块吗? 很明显,需要详细的指标来衡量可信性、可组合性和可扩展性,也需要关于不同主题域的详细记录在案的样例。如可信分离内核,虚拟机监控,安全路由等,它们都代表了未来备受关注的研究领域。

主题 2: 企业级衡量指标 (ELM)

本主题域的有效进展需要其他主题域的什么能力?

每一个其他主题域都要定义自身相关的本地衡量指标,这些指标很可能会影响到企业级衡量指标。

本领域的进展如何支持其他领域的发展?

预先创建切实的企业级衡量指标将自然地促进那些领域中本地衡量指标的优化。

主题 3: 系统评估生命周期

本主题域的有效进展需要其他主题域的什么能力?

可扩展性、可组合性和整个系统可信性方面的进展将会推动可扩展可组合评估方法的发展,同时也会促进共同演进。易于评估的指标也会有很大的帮助。

本主题域的进展如何支持其他主题域的发展？

有效的评估方法能够促进其他主题域的发展。反之，缺少这种评估方法则会带来很多问题。

主题 4: 应对内部威胁

本主题域的有效进展需要其他主题域的什么能力？

有一些对其他主题域的依赖特别与此相关:

(1) **可扩展可信**系统利用分布式认证、授权和问责的好处，可以帮助解决逻辑上的内部用户的远程访问问题，以及物理上的内部人员的本地访问问题。

(2) **态势感知和攻击归因**可用于内部人员，也可用于其他攻击者。这种相关性表明在误用检测系统和访问控制方面需要相互协同。

(3) **身份管理**与内部威胁的问责和远程访问方面相关。

(4) **恶意软件**可以被内部人员误用，或者被外部操作人员用来扮演内部人员开展行动，因此，阻止恶意软件能够帮助应对内部威胁。

(5) **溯源**也能帮助应对内部威胁，例如有力的信息溯源能够帮助检测内部人员不当修改关键数据的事件。

(6) **隐私安全**需要被检测出进行了错误操作的内部人员的信息，同样也需要知道系统隐私的机制。

本主题域的进展如何支持其他主题域的发展？

(1) **应对内部威胁**方面的进展将能够促进隐私安全、时间关键系统生存能力的发展，同样对传统系统也有促进作用。对内部人员误用的控制也能够帮助阻止或者至少是限制恶意软件的危害。防止作用与此紧密相关。

(2) **生命周期的保护**必须充分考虑如何应对内部威胁。

(3) 掌握潜在的恶意软件或通过误用行为检测到内鬼可能对**系统生存能力**会有较大帮助。

主题 5: 应对恶意软件和僵尸网络

本主题域的有效进展需要其他主题域的什么能力？

恶意软件是僵尸网络控制计算机的一个主要机制。在应对恶意软件方面的显著进展将进一步减轻僵尸网络的危害。对于对手市场的经济分析和对僵尸网络防御的研究都有助于本主题域的发展，同样也可为态势感知提供背景情报。

本主题域的进展如何支持其他主题域的发展？

可被彻底监控和审计的内在安全系统方面的进展将使其他主题域受益，尤其是对态势感知而言。攻击归因也将本主题域与态势感知相互关联在一起：在检测方面的进展将使恶意软件知识库的构建成为可能，这样的知识库可用于深入挖掘鉴别恶意软件的族系和历史，反过来使攻击归因成为可能。

合作式的检测将依赖于全球身份管理的进展，以防止对手通过虚假身份对检测工作造成困难。

在安全评估指标方面的进展也会使对恶意软件解决方案的评估工作更加容易一些。

主题 6：全球身份管理

本主题域的有效进展需要其他主题域的什么能力？

可扩展可信系统是全球身份管理的坚实基础。**隐私安全**也对本主题域非常有用，例如，确认远程证书的真实性就对全球身份管理很有帮助。此外，使用真实数据进行分析、仿真和数据聚合都需要强有力的隐私保护措施和某种匿名机制或痕迹清理机制。**溯源**对于增强远程身份的可信性和信用度非常重要。**可用性**对用户和管理员来说都是基本的要求。身份管理系统的**生存能力**尤其关键，特别是在实时控制和交易系统中。

本主题域的进展如何支持其他主题域的发展？

身份管理将对大规模网络化系统的可信性有很大帮助，也肯定有助于降低系统内部误用，特别是对于那些高权限用户远程访问系统的情况。本主题域也将增强**隐私保护安全**，因为在共享身份承载信息时都必须进行身份确认。本主题域也能够简化安全评估。当对象或计算实体的身份、证书、认证、授权和问责都能系统性地得到加强时，它还可以有效抑制恶意软件的传播。

主题 7：时间关键系统的生存能力

本主题域的有效进展需要其他主题域的什么能力？

可扩展可信系统的进展将会立即增强系统**生存能力**。在**可用性**方面的基础性进展将极大地减轻抗毁系统操作人员和系统管理员的负担。**态势感知**的进展也有助于降低**生存能力**方面出现的问题。

本主题域的进展如何支持其他主题域的发展？

对系统生存能力的简明而完全的需求将极大地完善企业级安全衡量指标，并增强评估方法的有效性。基于在生存能力、安全性和可靠性方面的诸多共性，它也能够从整体上推动可扩展可信系统的开发进展。

主题域 8：态势感知与攻击归因

本主题域的有效进展需要其他主题域的什么能力？

有效的认证和授权将使攻击者逃避归因变得非常困难，这都要依赖于全球省份管理方面的进展情况。

必须设计用于检测和**应对恶意软件**的子系统，来增强态势感知和攻击归因能力。本地的 (非网络化的) 恶意软件当然是严重的问题，但是僵尸网络和网络化的恶意软件的问题更加突出，它们能够侵害受信任的系统并将其变成僵尸网络的一部分，它们是对手的推动者，能够支持开展多种重大的攻击。这个时候，态势感知显得非常重要。对僵尸网络的攻击归因非常困难，主要是因为攻击发起点本身就是受侵害的机器，而且现在的攻击者在隐藏攻击通道和"母船" (如通过加密、环境感知、快速通量技术 [ICANN 2008, Holz 2008]) 方面也变得越来越有经验了。

隐私的安全方面的进展 (尤其是在安全相关信息的隐私共享时) 将能够使我们克服本主题域中讨论的诸多共享方面的障碍。

以下列举的成功的标志都需要在指标定义、收集和评估方面取得重大根本性进展。

(1) 综合攻击 (以当前对对手战术最佳理解的方式进行模拟) 能够为攻击归因提供一些评估指标。可能的指标包括：检测时间、归因结果与真实源的接近程度 (对手和地点)，在追踪对手资源的同时可容忍的快速流量速率。

(2) 检查与人的因素相关的指标，以评价相关表述方法的有效性。

(3) 探索信息共享的相关指标 —— 例如，对于共享者分享程度和共享群体对共享数据合法性认知度之间的权衡。这个问题与共享市场和信用系统相关。

(4) 当前在对手网络和快速流量方面的指标还很欠缺，我们应当研究 SANS (SysAdmin, Audit, Networking, and Security, 系统网络安全协会) 及类似组织是如何收集测量数据的。

本主题域的进展如何支持其他主题域的发展？

对于很多受关注的攻击态势而言，分析和攻击分类方面的进展也可以有效支持恶意软件防护，从而减轻僵尸网络危害。具备内在监控和审计能力的系统也应当更容易抵御恶意软件的影响。

对最终攻击源的归因方面的进展将推动针对僵尸网络和其他此类攻

击 (即攻击源本身也是一台被侵害的机器) 的防护方面的进展。

本主题域以及生存能力主题域是可以相互促进的, 例如生存能力方面的进展将使系统反应加快并缓和攻击的影响。

主题 9: 溯源

本主题域的有效进展需要其他主题域的什么能力?

溯源依赖于其他大多数主题域的研究成果, 反之亦然, 它们互相依赖。但是其中一些主题域与溯源的连接更加直接。**全球身份管理**对于信息处理系统追踪信息源和监管链都是必需的, **隐私安全**则与溯源信息的分发高度相关, **可扩展可信性**对于可信性溯源则非常关键, **可用性**当然也非常重要。

本主题域的进展如何支持其他主题域的发展?

可信性溯源将对**应对恶意软件**、**态势感知**和**隐私安全**非常有帮助, 它将从整体上极大增强系统的可用性。

主题 10: 隐私安全

本主题域的有效进展需要其他主题域的什么能力?

用于数据的各种不同隐私机制都需要**信息溯源**。为确保隐私机制和政策的完整性也需要**可扩展可信系统**的成果。**应对内部威胁**也非常关键, 因为内部攻击者可以彻底破坏可能的防护措施。**全球身份管理**对于企业级隐私非常关键。**可用性**很重要, 是因为如果不考虑可用性系统安全措施将更容易被误用或者被忽视, 安全政策也可能受到嘲弄。**态势感知和攻击归因**, 以及应对恶意软件, 这两方面的重要性可能要稍微弱一些, 但是对于检测侵犯隐私仍然会有帮助。

本主题域的进展如何支持其他主题域的发展?

全球身份管理将从本主题获益 —— 例如, 展示如何构建一个身份管理系统来保护隐私。**系统评估生命周期**也将从**溯源**中受益。在某种程度上, 本主题能够影响到**可扩展可信系统**设计和开发的需求。

主题 11: 可用的安全

本主题域的有效进展需要其他主题域的什么能力?

(1) **身份管理**: 大规模的身份管理系统能够解决一个当前最让人头痛的安全问题 —— 即如何在用户和系统间建立信任关系? 尤其在普通用户和系统管理员都可以方便使用的系统或网络中。

(2) **时间关键系统的生存能力**: 有效性的进展可以直接增强可用性, 尤其是当系统的设计和运行中包括了配置管理能力以及对系统潜在危险配置的修复能力时。

(3) **可扩展可信系统**: 根据可用性问题的定义, 可信的大规模系统必须是可用的, 否则系统无论是体系上和运行上都不可信。

(4) **隐私安全**: 如同其他主题域一样, 可用性是其必须解决的核心需求。

(5) **恶意软件**: 可以遏制恶意软件威胁的技术对可用性的发展非常有益, 因为它将使用户根本不用去考虑恶意软件威胁方面的问题。

(6) **衡量指标和评估**: 在使安全系统可用化 (或者使可用系统保持足够的安全性) 的工作方面, 如果具备知道做得究竟怎么样的能力将会非常有用, 一个可用的系统将让用户知道究竟做得对还是错。

本主题域的进展如何支持其他主题域的发展?

可用性与其他主题域一起共同发展; 缺少了可用性方面的成功, 其他主题域的进展带来的好处都将大大减少。所有其他主题域都是这样, 这种影响或多或少是双边的。可用性必须在各个主题域都普遍深入地加以考虑。

附录 B

技术转化

本附录主要讨论如何将 11 个主题域中研发成果转化进可部署系统以及即将可用的主流可信系统中。

B.1 介绍

包括网络电磁安全研发在内的研发计划,其研究的每一步,包括开发、测试、评估以及转化为运行环境,都存在着困难。过去的经验表明,在研究项目早期就开始制定和应用技术转化计划,同时研究可行的产品转化途径,对于研究成果向应用的转化是非常有利的。然而,同样重要的是,我们应该意识到这些计划是可以修改的,而且我们必须要经常性的进行复查。此外,还应当注意到不同的技术适合采用不同的技术转化途径; 在某些情况下,技术转化途径的选择直接关系到最终产品的成败。研究产品转化的指导性原则包括从时间/日程、预算、客户或终端用户参与、演示、测试和评估、产品合伙关系以及其他因素的有效性方面所获取的知识。

2007 年 7 月提交国会的一份关于技术转化的国防报告显示,在 DoD 科学与技术委员会 (DoD S & T communities) 内部存在分歧,分歧的焦点在于: 是在一个相关环境中进行一个组件或电路试验板的演示验证,还是在实际运行环境中完成原型系统的开发和演示。DoD 不是唯一一个在技术转化问题上面临难题的政府部门。这种分歧 (通常被称作为 "死亡谷") 只能通过研发和需求团队的共同努力和投资来解决。

为了能够挖掘出研发工作的全部潜力,技术转化需要作为所有研发投资的一个关键考虑。这需要联邦政府转变过去采用的模式,那种模式下，大多数的研发项目仅仅支持有限的运行评估/试验，大多数的研发项目管理者仅仅将最终报告作为工作完成标志，大多数的研究者则将发表文章作为工作完成的目标。政府资助的研发工作需要关注真正的终极目标，即技术转移之后的"技术转化"。当前，研发项目的课题负责人 (Principal Investigators, PIs) 和项目经理 (Program Manager, PM) 都未曾因技术转化而获得奖励。学术界的课题负责人 (PIs) 发表文章可以获得奖励，而技术转化却不能。政府研发组织应当对政府项目的项目经理和课题负责人进行技术转化方面的奖励。

对于由联邦政府资助的研究来说，至少有五种典型的技术转化途径。这些转化途径受到技术本身特性、期望的终端用户、研究项目参与者以及其他外在环境的影响。研究成果技术转换的成功通常取决于项目经理的不懈努力，他们通过各种机会的渠道进行演示、合作，也可能会有一些偶然的好机会。然而，没有一种单一的途径比主动的技术推广更有效，后者允许人们自由地寻求研究产品的各种潜在用途。五种典型的转化途径简单概述如下：

(1) 政府/部门直接到采购 (Direct)

(2) 政府/部门到政府实验室 (Lab)

(3) 政府/部门到产业界 (Industry)

(4) 政府/部门到学术界再到产业界 (Start-up)

(5) 政府/部门到开源团体 (Open Source)

许多政府部门和商业公司都采用一种衡量指标 —— 技术成熟度等级 (Technology Readiness Level, TRL)。TRL 是讨论技术成熟程度的一个术语，用来在将某种发展中的技术 (材料、组件、设备等) 应用于系统或子系统之前评估其成熟程度。尽管这种机制主要是在 DoD 内部使用，但它仍然可以看作是一个对几乎所有政府或部门都适用的合理的指导方针。表 B.1 从系统软硬件角度列出了不同技术成熟度等级。

表 B.1　典型技术成熟度等级

技术成熟度等级	描述
1. 基本原则得到观察与报告	最低等级的技术成熟度。科学研究开始转变为应用研究和开发，案例包括对技术基本属性的书面研究
2. 技术概念和/或应用得到详细阐述	发明开始，一旦基本的原则被观察到，就可以发明相关应用。此时的应用还是充满疑问的，还没有充分的证据或分析来支撑设想。样例主要限于分析性的研究

(续)

技术成熟度等级	描述
3. 概念的分析性和实验性关键功能以及特征得到证明	主动研发开始了, 包括分析性研究和实验室研究, 用于对技术不同要素的分析性预测进行物理验证, 案例包括未集成或不具备代表性的组件
4. 实验室环境下组件和/或分系统验证	基础的技术组件被集成来确认它们能够一起工作, 这种方式与最终真实系统相比具有较低的真实度, 案例包括实验室里使用临时的硬件进行系统集成
5. 在相关的环境中进行组件和/或分系统验证	实验板的真实性大大提高, 使用合理的真实性支持要素来集成基础的技术组件, 使其可以在一个模拟环境下进行测试。案例包括高逼真度的实验室组件集成
6. 相关环境中的系统/子系统模型或者原型系统展示	超越 TRL 5 等级的典型模型或原型, 在相关环境中进行测试。这表示在技术展示准备方面迈出了重要的一步, 案例包括在高逼真度的实验室环境或模拟运行环境中测试原型系统
7. 在运行环境中进行系统原型展示	原型接近或者就是计划中的运行系统, 这需要在运行环境 (如飞机、车辆或者空间) 中展示真实的系统原型, 表明在 TRL 6 的基础上又迈出了重要的一步。案例包括在做为测试床的飞机上测试系统原型
8. 真实系统完成并经测试和演示通过验收	技术以其最终的形式在期望的条件下被验证可行。在几乎所有的情况下, 本 TRL 等级代表了真实系统开发的完成。案例包括在预期的武器系统上进行开发测试和评估, 以确定是否满足设计规范
9. 真实系统通过成功完成任务得到验证	技术以其最终形式和任务条件得到真实应用, 诸如在运行测试和评估中进行的那样。案例包括在运行任务条件下使用系统

B.2 技术转化的基本问题

可能有的有效技术转化途径有哪些?

技术转化方面不存在万能的途径。11 个主题域中的每一个针对有效的技术转化都有各自特殊的考虑。例如, 有效的技术转化将会从某种程度上依赖于相关的用户基础和特定的应用。然而, 本章主要考虑对 11 个主题域中大多数都有共性的内容, 针对每一主题域单独讨论的一些内容将在后续章节进行。

研究成果 (诸如新的系统、机制、策略, 以及其他方案) 在任何合适的条件下都能够递增式地被部署, 这将是非常重要的。

　　将要在全球范围部署的技术需要采用创新的方案来进行知识产权的授权和共享, 以及测试、评估和递增式部署的严格规划。这些同时也需要完善的系统架构、软件工程规范以及充分的担保共同支撑。

　　记录详尽的运行实例将会非常有帮助, 尤其是当该实例是可扩展的时。很明显, 本文中提出的观念需要成为教育和培训中的普及内容。为此, 相关研发工作必须明确面向实际应用。此外, 将本主题域中的观念带入主流的教育、培训并融入经验、实践中将非常关键。

B.3　各主题特定相关问题

　　本节简要讨论与 11 个主题域各自相关的一些问题。

　　主题 1: 可扩展可信系统

　　方便的可扩展能力、全面的可信性、可预测的可组合性都需要系统在开发、维护和运行方面发生显著的、根本性的变革。因此, 本主题域显然需要政府、业界、学术界之间带有特定的经济、社会和技术强制性 (参见 B.4 节) 的紧密公私协作。仅仅通过市场行为通常都无法满足关键应用对可信性的需求。

　　主题 2: 企业级衡量指标 (ELM)

　　也许可以作一个 "更好的捕鼠器" 的比喻, 如果企业级衡量指标制定的很好而且容易用于评估 (参考主题 3), 我们就可以假定认为安全问题终将能够顺利解决。这样的指标都需要进行实验评估, 其实用价值也需要被清楚地展示, 开始可能是在原型系统环境中进行, 最终需要在真实的大规模应用中进行展示。

　　主题 3: 系统评估生命周期

　　与主题 2 相似, 如果能够提出有效的评估方法, 其实用性也需要在真实系统中进行清楚地展现。同样还需要提供详细的说明和相对完整的需求。如果能够有一些记录详尽的有效性展示样例, 对技术转化的激励作用将会大大增强。

　　主题 4: 应对内部威胁

　　同样的, 应对内部人员错误使用的解决方案是否有效还有待验证, 但是对其有效性的展示将能够促进技术的应用。

　　主题 5: 应对恶意软件和僵尸网络

如附录 A 中提到的, 内部威胁和恶意软件之间的共性表明应对恶意软件的解决方案的有效性展示很可能会得到快速广泛地采用。

主题 6: 全球身份管理

设计能够递增式部署的机制和政策将非常重要。将要在全球范围部署的技术, 需要采用创新的方案来进行知识产权的授权和共享, 以及测试、评估和递增式部署的严格规划。

主题 7: 时间关键系统的生存能力

研发团体一直以来都知道如何充分利用容错机制, 然而系统生存能力需要对系统可信性的总体保证, 这种保证必需是超越以往的做法。

主题 8: 态势感知和攻击归因

本主题域的研发已经逐步开始与商业产品接轨, 能够认识到当前对监控和可问责性有广泛的需求对本领域的发展非常有价值。

主题 9: 溯源

溯源在金融、政府、卫生保健以及许多其他应用领域都非常有用, 它将加强取证。

主题 10: 隐私安全

本主题域的进展将对许多领域都特别有用, 如卫生保健、金融记录、通信日志等等。

主题 11: 可用的安全

几乎可以显著增强任何安全措施可用性, 并有助于管理安全系统内在复杂性的技术手段, 都可以相当容易地应用于实践中。

B.4　强制性功能 (一些说明案例)

针对 11 个主题中的某些主题, 本节主要讨论以下问题, 即**政府、学术界、产业界和市场各自应当扮演什么样的角色?** 这里提出的许多强制性功能要求当然对其他主题域也是适用的。

主题 1: 可扩展可信系统

联邦政府需要鼓励并资助本文相关的所有主题域的相关研究和开发工作, 尤其应当重视可信系统、可组合性、可扩展性以及可演进的系统架构。同时也应当鼓励那些能够增强可信性的开源和公共系统的使用。

学术界研究需要进行理论研究并提供相关支持工具, 帮助实现可组合可扩展可信系统以及其他所有本书讨论过的主题的系统开发。

商业开发者需要逐渐灌输形成一种更加主动的原则化的系统开发规则，以允许不同系统和子系统间的互操作、采用更好的软件工程实践方法，从而构建出具有更好的可组合性和可扩展性的可信系统，并为其他所有本书讨论过的主题提供高效费比的解决方案。

主题 4: 应对内部威胁

政府需要建立基准和标准。与基于陷阱的防御策略和诱捕规则相关的法律问题都应当得到解决。由于在实际的政府活动中内部人员行为往往会造成真正的威胁，此时采用相关措施将非常有用。尽管存在着潜在的局限性，当前政府在认证和授权 (如通用访问卡) 标准化的努力是很有意义的，尤其在帮助应对内部人员误操作方面。学术界需要开展与内部威胁实际相关的研发工作。产业研究需要更紧密的结合实际系统的需求，使用细粒度访问控制及监控机制。产业界是最有可能的包含有内部错误行为样例的数据集的来源，或者说能为以下情况提供更详细的信息，即真实内部人员的错误行为如何会暴露自己。市场需要响应客户对更好的系统解决方案的需求。也应当注意到 HSPD-12、PIV-I 和 PIV-II 之间的关联性。

我们应当考虑各种各样的激励机制，例如：

(1) 商业交易激励 (投资对比潜在的成本)；

(2) 为内部威胁风险投保作为经济上的保护；

(3) 作为债券市场的主要参与者，能够提供数据用于研究更好的减少损失的交易方法；

(4) 非经济性的激励措施，如联邦航空局 (FAA) 的险情报告那样，能够赋予某种豁免权 (但是要注意不能伤害揭发者)；

(5) 国际间的努力还包括双边或多边交换合作。

主题 6: 全球身份管理

政府需要统一并解决一些与身份管理、证书及隐私相关的需求冲突。美国政府需要自食其力建立完善的身份管理机制和政策，并严格遵循。

学术界需要更加广泛地认识全球身份管理中的现实问题，并在研究中考虑更多的整体的和现实的问题。

产业界需要认识到在多供货商和多国联合的系统中存在大量的互操作需求。

市场需要预计长期需求并以某种方式启发政府、学术界和产业界去认识现实可行的方案的重要性。

主题 11: 可用的安全

政府

应当去除可用性研究方面的阻碍。例如, 当前的联邦法律要求在试验/研究前使用的数据必须经过审查; 仅仅是拥有数据并不代表有权使用它 (如你想用接收到的 Email 去测试新的垃圾邮件过滤算法); 最小化管理负担; 确保机构审查委员会 (Institutional Review Board, IRB) 熟悉可用的安全研究方面独特的地方 (尤其是与医学研究相对比); 创建一种能加快可用性研究审批的机制。

(1) 避免阻碍政府实体参与研究的不恰当的限制;

(2) 为可用的安全性基础研究提供适当的资助;

(3) 鼓励跨学科的可用安全性方面的研究;

(4) 在安全研究中使用可用性审查;

(5) 建立适当的标准、准则和最佳实践;

(6) 广泛地将可用性需求嵌入到采购流程中;

(7) 从可用性角度重新考虑安全政策;

(8) 确保可用的安全成为美国国家安全局 (NSA) 学术中心成就的评价标准 (这将促使将可用性列为学习课目)。

学术界

(1) 将可用性广泛地融入计算机系统课程;

(2) 使自己的系统具备更好的可用安全性, 用这样的样例来指导研究;

(3) 要求研究论文和建议书都必须提及可用性问题, 以此来使可用性融入研究文化中。

产业界

(1) 制定可用的安全方面的标准;

(2) 制定统一的标准术语;

(3) 确认最佳实践方式;

(4) 贡献系统部署经验 (向研究团体提供相关反馈信息: 什么是有效的, 什么无效的)。

附录 C

参与路线图制定的人员列表

非常感谢那些在网络电磁安全研究、开发、测试和评估路线图中作出贡献人。以下是至少参加了一项研究组的人员名单:

Deb Agarwal	Bob Hutchinson	William H. Sanders
Tom Anderson	Cynthia Irvine	Mark Schertler
Paul Barford	Markus Jakobsson	Fred Schneider
Steven M. Bellovin	David Jevans	Kent Seamons
Terry Benzel	Richard Kemmerer	John Sebes
Gary Bridges	Carl Landwehr	Frederick T. Sheldon
KC Claffy	Karl Levitt Ben	Shneiderman
Ben Cook	Jun Li	Pete Sholander
Lorrie Cranor	Pat Lincoln	Robert Simson
Rob Cunningham	Ulf Lindqvist	Dawn Song
David Dagon	Teresa Lunt	Joe St Sauver
Claudiu Danilov	Doug Maughan	Sal Stolfo
Steve Dawson	Jenny McNeill	Paul Syverson
Drew Dean	Miles McQueen	Kevin Thompson
Jeremy Epstein	Wayne Meitzler	Gene Tsudik
Sonia Fahmy	Jennifer Mekis	Zach Tudor
Rich Feiertag	Jelena Mirkovic	Al Valdes
Stefano Foresti	Ilya Mironov	Jamie Van Randwyk
Deb Frincke	John Mitchell	Jim Waldo
Simson Garfinkel	John Muir	Nick Weaver
Mark Graff	Deirdre Mulligan	Rick Wesson
Josh Grosh	Clifford Neuman	Greg Wigton

Minaxi Gupta

Tom Haigh

Carl Hauser

Jeri Hessman

James Horning

James Hughes

Peter Neumann

David Nicol

Chris Papadopoulos

Vern Paxson

Peter Reiher

Robin Roy

Bill Woodcock

Bill Worley

Stephen Yau

Mary Ellen Zurko

附录 D

缩略语

A/V antivirus 抗病毒、杀毒

AMI Advanced Metering Infrastructure 先进测量基础设施

BGP Border Gateway Protocol 边界网关协议

C2 command and control 指挥与控制

CAC Common Access Card 通用访问卡

CAPTCHA Completely Automated Public Turing test to tell Computers and Humans Apart 用于区分计算机和人的完全自动化公开图灵测试

CASSEE Computer Automated Secure Software Engineering Environment 计算机自动化安全软件工程环境

CERTs Computer Emergency Response Teams 计算机应急响应组

CMCS Collaboratory for Multi-scale Chemical Science 多尺度化学科学合作实验室

COTS Commercial Off-The-Shelf 商业货架产品

CUI Controlled Unclassified Information 受控非密信息

CVS Concurrent Versions System 并行版本管理系统

DAC Discretionary Access Controls 自主访问控制

DARPA Defense Advanced Research Projects Agency 国防部高级研究计划局

DDoS Distributed Denial of Service 分布式拒绝服务

DETER cyber-DEfense Technology Experimental Research 网电防御技术试验研究

DHS Department of Homeland Security 国土安全部

DKIM Domain Keys Identified Mail 域名密钥识别邮件

DNS Domain Name System 域名系统

DNSSEC DNS Security Extensions 域名系统安全扩展

DoD Department of Defense 国防部

DoS Denial of Service 拒绝服务

DRM Digital Rights Management 数字版权管理

ESSW   Earth System Science Workbench   地球系统科学工作台

EU   European Union   欧盟

FIPS   Federal Information Processing Standards   联邦信息处理标准

FISMA   Federal Information Security Management Act   联邦信息安全管理法案

GPS   Global Positioning System   全球定位系统

HDM   Hierarchical Development Methodology   层次开发方法

HIPAA   Health Insurance Portability and Accountability Act   健康保险流通与责任法案

HIS   Human-system Interaction   人机交互

HVM   Hardware Virtual Machine   硬件虚拟机

I&A   Identification and Authentication   识别与认证

I3P   Institute for Information Infrastructure Protection   信息基础设施保护协会

IDA   Institute for Defense Analyses   防御分析协会

IDE   integrated development environment   集成开发环境

IDS   intrusion detection system   入侵检测系统

INL   Idaho National Laboratory   爱达荷国家实验室

IPS   intrusion prevention system   入侵防护系统

IPsec   Internet Protocol Security   网际安全协议

IPv4   Internet Protocol Version 4   网际协议第 4 版

IPv6   Internet Protocol Version 6   网际协议第 6 版

IRB   Institutional Review Board   机构审查委员会

ISP   Internet Service Provider   互联网服务提供商

IT   Information Technology   信息技术

LPWA   Lucent Personalized Web Assistant   朗讯个人网页助手

MAC   Mandatory Access Controls   强制访问控制

MIT   Massachusetts Institute of Technology   麻省理工学院

MLS   Multilevel Security   多级安全

MTBF   Mean Time Between Failures   平均故障间隔时间

NIST   National Institute of Standards and Technology   国家标准技术研究所

NOC   Network Operations Center   网络运行中心

OODA   Observe, Orient, Decide, Act   观察、调整、决策、行动

OS   Operating System   操作系统

OTP   One-Time Password   一次性密码

P2P   Peer-to-Peer   点对点

P3P   Platform for Privacy Preferences   隐私优先平台

PDA   Personal Digital Assistant   个人数字助理

PGP   Pretty Good Privacy   一个基于 RSA 公钥加密体系的邮件加密软件

PII   Personally Identifiable Information   个人可识别信息

PIR   Private Information Retrieval   私有信息检索

PKI   Public Key Infrastructure   公钥加密体系

PL   Programming Language   编程语言

PMAF   Pedigree Management and Assessment Framework   生成过程管理和评估架构

PSOS   Provably Secure Operating System   可证明安全的操作系统

PREDICT   Protected Repository for the Defense of Infrastructure against Cyber Threats   针对网络电磁威胁的防护基础设施的受保护知识库

QoP   Quality of Protection   防护质量

RBAC   Role-Based Access Control   基于角色的访问控制

RBN   Russian Business Network   俄罗斯商业网

RFID   radio frequency identification   无线频率识别

ROM   Read-Only Memory   只读存储器

SBU   Sensitive But Unclassified   敏感但非密

SCADA   Supervisory Control and Data Acquisition   监视控制与数据采集系统

CAP   Security Content Automation Protocol   安全内容自动化协议

SIEM   Security Information and Event Management   安全信息与事件管理

SOHO   Small Office/Home Office   家庭办公

SPF   Sender Permitted From   发送人来源认证

SQL   Structured Query Language   结构化查询语言

SRS   Self-Regenerative Systems   自我再生系统

SSL   Secure Sockets Layer   加密套接字协议层

T&E   Test and Evaluation   测试与评估

TCB   Trusted Computing Base   可信计算基

TCP/IP   Transmission Control Protocol/Internet Protocol   传输控制协议/网际协议

TLD   Top-Level Domain   顶层域

TPM   Trusted Platform Module   可信平台模块

TSoS   Trustworthy Systems of Systems   可信的系统的系统

UI   User Interface   用户界面

UIUC   University of Chicago at Urbana-Champaign   芝加哥大学 UC 校区

USB   Universal Serial Bus   通用串行总线

US-CERT   United States Computer Emergency Readiness Team   美国计算机应急处理小组

VM   Virtual Machine   虚拟机

VMM   Virtual Machine Monitor   虚拟机监视器

参考文献

[1] [IRC2005] INFOSEC Research Council Hard Problem List, November 2005 http://www.cyber.st.dhs.gov/docs/IRC Hard Problem List.pdf.

[2] [USAF-SAB07] United States Air Force Scientific Advisory Board, Report on Implications of Cyber Warfare. Volume 1: Executive Summary and Annotated Brief; Volume 2: Final Report, August 2007. For Official Use Only.

[3] Additional background documents (including the two most recent National Research Council study reports on cybersecurity) can be found online. (http://www.cyber.st.dhs.gov/documents.html).

[4] [Can2001] Ran Canetti. Universally composable security: A new paradigm for cryptographic protocols (http://eprint.iacr.org/2000/067), 2005. An extended version of the paper from the 42nd Symposium on Foundations of Computer Science (FOCS'01) began a series of papers applying the notion of universal composability to cryptography. Much can be learned from this work regarding the more general problems of system composability.

[5] [Neu 1995] Peter G. Neumann. Computer-Related Risks, Addison-Wesley/ ACM Press, New York, 1995. See also an annotated index to online sources for the incidents noted here, as well as many more recent cases (http://www.csl. sri.com/neumann/illustrative.html).

[6] [Neu2004] Peter G. Neumann. Principled assuredly trustworthy composable architectures. DARPA-CHATS Final Report, SRI International, Menlo Park, California, December 2004 (http://www.csl.sri.com/neumann/chats4.html). This report characterizes many of the obstacles that must be overcome in achieving composability with predictable results.

[7] [Sal+2009] J. H. Saltzer & F. Kaashoek. Principles of computer design. Morgan Kauffman, 2009. (Chapters 1-6; Chapters 7-11 are online at: http://ocw.mit.edu/ans7870/resources).

[8] [Ade2008] S. Adee. The hunt for the kill switch. IEEE Spectrum, 45(5):32-37, May 2008 (http://www.spectrum.ieee.org/may08/6171).

[9] [DSB2005] Defense Science Board Task Force on High Performance Microchip Supply, February 2005. (http://www.acq.osd.mil/dsb/reports/2005-02-HPMS_Report_Final.pdf).

[10] [How+2006] M. Howard & S. Lipner. (2006) The Security Development Life Cycle. Microsoft Press, Redmond, Washington.

[11] [ISO 1999] International Organization for Standardization/International

Electrotechnical Commission (ISO/IEC) International Standard 15408:1999 (parts 1 through 3), Common Criteria for Information Technology Security Evaluation, August 1999.

[12] [NIS2008] Security Considerations in the System Development Lhife Cycle. (2008) NIST Special Publication 800-64 Revision 2 (Draft), National Institute of Standards and Technology, Gaithersburg, Maryland, March.

[13] [And2008] R.Anderson. (2008) Security Engineering: A Guide to Building Dependable Distributed Systems. Wiley, Indianapolis, Indiana.

[14] [Bib 1977] K.J.Biba. (1977) Integrity Considerations for Secure Computer Systems. Technical Report MTR 3153, The MITRE Corporation, Bedford, Massachusetts, June 1975. Also available from USAF Electronic Systems Division, Bedford, Massachusetts, as ESD-TR-76-372, April.

[15] [Bis2002] M. Bishop. (2002) Computer Security: Art and Science. Addison-Wesley Professional, Boston, Massachusetts.

[16] [Bra20 04] Richard D. Brackney & Robert H. Anderson. Understanding the Insider Threat: Proceedings of a March 2004 Workshop. RAND Corporation, Santa Monica, California, 2004 (http://www.rand.org/pubs/conf proceedings/2005/RAND CF 1 96.pdf).

[17] [Cap2008.1] D. Capelli, T. Conway, S. Keverline, E. Kowalski, A. Moore, B. Willke, & Williams, M. (2008). Insider Threat Study: Illicit Cyber Activity in the Government Sector, Carnegie Mellon University, January. (http://www.cert.org/archive/pdf/insiderthreat gov2008.pdf).

[18] [Cap2008.2] Capelli, D., Kowalski, E. & Moore, A. (2008) Insider Threat Study: Illicit Cyber Activity in the Information Technology and Telecommunications Sector. Carnegie Mellon University, January. (http://www.cert.org/archive/pdf/insiderthreat it2008.pdf).

[19] [Dag2008] Dagstuhl Workshop on Insider Threats, July 2008 (http://www.dagstuhl.de).

[20] [FSS2008] Financial Services Sector Coordinating Council for Critical Infrastructure Protection and Homeland Security, Research and Development Committee. Research Agenda for the Banking and Finance Sector. September 2008 (https://www.fsscc.org/fsscc/reports/2008/RD AgendaFINAL.pdf). Challenge 4 of this report is Understanding the Human Insider Threat.

[21] [HDJ2006] IT Security: Best Practices for Defending Against Insider Threats to Proprietary Data, National Defense Journal Training Conference, Arlington, Virginia. Homeland Defense Journal, 19 July 2006.

[22] [IAT2008] Information Assurance Technical Analysis Center (IATAC). (2008) The Insider Threat to Information Systems: A State-of-the-Art Report. IATAC, Herndon, Virginia, February 18.

[23] [Kee2005] Keeney M., Cappelli, D., Kowalski, E., Moore, A., Shimeali, T. & St. Rogers. Insider Threat Study: Computer System Sabotage in Critical Infrastructure Sectors. Carnegie Mellon University, May 2005 (http://www.cert.org/archive/pdf/insidercross05 1105.pdf).

[24] [Moo2008] Andrew P. Moore, Dawn M. Cappelli, & Randall F. Trzeciak. The "Big Picture" of IT Insider Sabotage Across U.S. Critical Infrastructures. Technical Report CMU/SEI-2008-TR-009, Carnegie Mellon University, 2008. (http://www.cert.org/archive/pdf/08tr009.pdf). This report describes the MERIT model.

[25] [Neu2008] Peter G. Neumann. Combatting insider misuse with relevance to integrity and accountability in elections and other applications. Dagstuhl Workshop on Insider Threats, July 2008 (http://www.csl.sri.com/neumann/dagstuhl-neumann.pdf). This position paper expands on the fuzziness of trustworthiness perimeters and the context- dependent nature of the concept of insiders.

[26] [Noo+2008] Thomas Noonan & Edmund Archuleta. (2008). The Insider Threat to Critical Infrastructures. National Infrastructure Advisory Council, April (http://www.dhs.gov/xlibrary/assets insider threat to critical infrastructures study.pdf).

[27] [Pfl20 03] Charles P. Pfleeger & Shari L. Pfleeger. (2003) Security in Computing, Third Edition. Prentice Hall, Upper Saddle River, New Jersey.

[28] [Ran04] Randazzo, M. R., Cappelli, D., Keeney, M. & Moore, A. Insider Threat Study: Illicit Cyber Activity in the Banking and Finance Sector, Carnegie Mellon University, August 2004 (http://www.cert.org/archive/pdf/bankfin040820.pdf).

[29] [Sto+08] Salvatore Stolfo, Steven Bellovin, Shlomo Hershkop, Angelos Keromytis, Sara Sinclair, & Sean Smith (editors). Insider Attack and Cyber Security: Beyond the Hacker. Springer, New York, 2008.

[30] [Ant2008]Antonopoulos, A. M. (2008). Georgia cyberwar overblown. Network World, August 19, (http://www.pcworld.com/businesscenter/article/150021/georgia_cyberwar_overblown.html).

[31] [CAT2009] Conference for Homeland Security 2009 (CATCH '09), Cybersecurity Applications and Technology, March 3–4, 2009. The IEEE proceedings of this conference include relevant papers on detection and mitigation of bot-

nets, as well as correlation and collaboration in cross-domain attacks, from the University of Michigan and Georgia Tech, as well as Endeavor, HBGary, Milcord, and Sonalyst (among others).

[32] [Dai20 06] Dino Dai Zovi, Vitriol: Hardware virtualization rootkits. (2006) In Proceedings of the Black Hat USA Conference.

[33] [DET] Cyber-DEfense Technology Experimental Research laboratory Testbed (DETERlab) (http://www.isi.edu/deter/).

[34] [Fra2007] Franklin, J., Paxson, V., Perrig, A. & Savage, S. (2007) An inquiry into the nature and causes of the wealth of Internet miscreants. Proceedings of ACM Computer and Communications Security Conference, pp. 375-388, October.

[35] [GAO2007] CYBERCRIME: Public and Private Entities Face Challenges in Addressing Cyber Threats. (2007) Report GAO-07705, U.S. Government Accountability Office, Washington, D.C., July.

[36] [Hal2006] Halderman, J. A. & Felten, E. W. (2006) Lessons from the Sony CD DRM episode. In Proceedings of the 15th USENIX Security Symposium, August.

[37] [Hol2008] Holz, T., Gorecki, C., Rieck, K. & Freiling, F. (2008) In Proceedings of the 15th Annual Network & Distributed System Security (NDSS) Symposium, February.

[38] [Kim2004]Hyang-Ah Kim & Brad Karp, Autograph: (2004) Toward automated, distributed worm signature detection, In Proceedings of the 13th USENIX Security Symposium, August.

[39] [IW2007] Greenemeier, L. (2007). Estonian attacks raise concern over cyber_nuclear winter.' Information Week, May 24, 2007 (http://www. information-week.com/news/internet/showArticle.jhtml?articleID=199701774).

[40] [LAT2008] Barnes, J. E. (2008). Cyber-attack on Defense Department computers raises concerns. Los Angeles Times, November 28, (http://www. latimes.com/news/nationworld/iraq/complete/la-na-cyberattack28-2008nov 28,0,230046.story).

[41] [Mes2003]Ellen Messmer. (2003). Welchia Worm Nails Navy Marine Corps, Network World Fusion, August 19. (http://pcworld.com/article/112090/ welchia_worm_nails_navy_marine_corps.html).

[42] [Pou2003] Kevin Poulsen. (2003). Slammer worm crashed Ohio nuke plant network. SecurityFocus, August 19, (http://www.securityfocus.com/news/ 6767).

[43] [Sha2004] Shacham, H., Page, M., Pfaff, B., Goh, E.-J., Modadugu, N. &

Boneh, D. (2004). On the effectiveness of address-space randomization. In Proceedings of the 11th ACM Computer and Communications Security Conference, Washington, D.C., pp.298-307.

[44] [Sha2008] Sharif, M., Yegneswaran, V., Saidi, H., Porras, P. & Lee, W. (2008) Eureka: A framework for enabling static malware analysis. In Proceedings of the 13th European Symposium on Research in Computer Security (ES-ORICS), Malaga, Spain, pp. 481-500, October.

[45] [Sch2005] Bruce Schneier. Real story of the rogue rootkit. Wired, November 17, 2005 (http:// www.wired.com/politics).

[46] [SRI2009] SRI Cyber-Threat Analytics (http://www.cyber-ta.org/) and Malware Threat Center (http://mtc.sri.com). For example, see analyses of Conficker.

[47] [Thu2008] Thurston, R. (2008). Coffee drinkers in peril after espresso overspill attack. SC Magazine, June 20, (http:// www.scmagazineuk.com/coffee).

[48] [Vir] Virus Total (http://www.virus-total.com).

[49] [Vra+2005] Vrable, M., Ma, J., Chen, J., Moore, D., Vandekieft, E., Snoeren, A., Voelker, G. & Savage, S. (2005). Scalability, fidelity and containment in the Potemkin virtual honeyfarm. ACM SIGOPS Operating Systems Review, 39(5),148-162, December (SOSP '05).

[50] [FSS2008] Financial Services Sector Coordinating Council for Critical Infrastructure. Protection and Homeland Security, Research and Development Committee. Research Agenda for the Banking and Finance Sector. September 2008, (https://www.fsscc.org/fsscc/reports/2008/RD Agenda-FINAL.pdf).

[51] [IDT2009] 8th Symposium on Identity and Trust on the Internet (IDtrust 2009), NIST, April 14-16, 2009 (http://middleware.internet2.edu/idtrust). The website contains proceedings of previous years' conferences. The 2009 proceedings include three papers representing team members from the I3P Identity Management project (which includes MITRE, Cornell, Georgia Tech, Purdue, SRI, and the University of Illinois at Urbana- Champaign).

[52] [Avi+2004] Avizienis, A., Laprie, J.-C., Randell, B. & Landwehr, C. (2004). Basic concepts and taxonomy of dependable and secure computing. IEEE Transactions on Dependable and Secure Computing, 1(1), 11-33, January-March.

[53] [DIS2003] 3rd DARPA Information Survivability Conference and Exposition (DISCEX-III 2003), 22-24 April 2003, Washington, DC, USA. IEEE Computer Society 2003, ISBN 0-7695-1897-4.

[54] [Ell+1999] Ellison, R. J., Fisher, D. A., Linger, R. C., Lipson, H. F., Longstaff,

T. & Mead, N. R. (1999). Survivable Network Systems: An Emerging Discipline. Technical Report CMU/SEI-97-TR-0 13, Carnegie Mellon University, May.

[55] [Hai+2007] Yacov Y. Haimes, Joost R. Santos, Kenneth G. Crowther, Matthew H.Henry, Chenyang Lian, & Zhenyu Yan. (2007). Analysis of Interdependencies and Risk in Oil & Gas Infrastructure Systems. I3P Research Report No. 11, June (http://www.thei3p.org/docs/publications/ researchreport11.pdf).

[56] [Ker+2008] Peter Kertzner, Jim Watters, Deborah Bodeau, & Adam Hahn. (2008). Process Control System Security Technical Risk Assessment Methodology & Technical Implementation. I3P Research Report No. 13, March (http://www.thei3p.org/docs/publications/ResearchReport1 3.pdf).

[57] [Neu2000] Neumann, P.G. (2000). Practical Architectures for Survivable Systems and Networks. SRI International, Menlo Park, California, June.(http://www.csl.sri.com/neumann/survivability.html).

[58] [Fra2007] Franklin, J., Paxson, V., Perrig, A. & Savage, S. (2007). An inquiry into the nature and causes of the wealth of Internet miscreants. Proceedings of ACM Computer and Communications Security Conference, pp. 375-388, October.

[59] [GAO2007] CYBERCRIME: Public and Private Entities Face Challenges in Addressing Cyber Threats. Report GAO-07-705, U.S. Government Accountability Office, Washington, D.C., July 2007.

[60] [Hol2008] Holz, T., Gorecki, C., Rieck, K. & Freiling, F. (2008). Measuring and detecting fast-flux service networks. In Proceedings of the 15th Annual Network & Distributed System Security (NDSS) Symposium, February.

[61] [ICA2008]Draft Initial Report of the GNSO Fast Flux Hosting Working Group. ICANN. December 8, 2008 (https://st.icann.org/pdp-wg-ff/index.cgi? fast_flux_pdp_wg).

[62] [ISC] Internet Storm Center: http://www.dshield.org/about.html.

[63] [Phi] PhishTank: http://www.phishtank.com.

[64] [Bos2005] Bose, R. & Frew, J. (2005). Lineage retrieval for scientific data processing: a survey. ACM Computing Surveys, 37(1),1-28.

[65] [Fos2002] Foster, I. T., Voeckler, J.-S., Wilde, M. & Zhao, Y. (2002). Chimera: A virtual data system for representing, querying, and automating data derivation. In Proceedings of the 14th Conference on Scientific and Statistical Database Management, pp. 37-46.

[66] [Fre2005] Frew, J. & Bose, R. (2001). Earth System Science Workbench: A

data management infrastructure for earth science products. In Proceedings of the 13th Conference on Scientific and Statistical Database Management, p. 180.

[67] [Hey2001] Heydon, A., Levin, R., Mann, T. & Yu, Y. (2001). The Vesta Approach to Software Configuration Management. Technical Report 168, Compaq Systems Research Center, Palo Alto, California, March.

[68] [LFS] Lineage File System (http://theory.stanford.edu/~cao/lineage).

[69] [OPM2007] Moreau, L., Freire, J., Futrelle, J., McGrath, R. E., Myers, J. & Paulson, P. (2007). The Open Provenance Model. Technical report, ECS, University of Southampton, (http://eprints.ecs.soton.ac.uk/ 14979/).

[70] [Pan03] Pancerella, C. et al. (2003). Metadata in the collaboratory for multi-scale chemical science. In Proceedings of the 2003 International Conference on Dublin Core and Metadata Applications.

[71] [PAS] PASS: Provenance-Aware Storage Systems. (http://www.ecs.harvard. edu/~syrah/pass/).

[72] [SPI2007] Gioioso, M. M., McCullough, S. D., Cormier, J. P., Marceau, C. & Joyce, R.A. (2007). Pedigree management and assessment in a net-centric environment. In Defense Transformation and Net-Centric Systems 2007. Proceedings of the SPIE, 6578:65780H1-H10.

[73] [TAP2009] First Workshop on the Theory and Practice of Provenance, San Francisco, February 23, 2009 (http://www. usenix.org/events/tapp09/).

[74] [Wid2005]Widom, J. (2005). Trio: A system for integrated management of data, accuracy, and lineage. In Proceedings of the Second Biennial Conference on Innovative Data Systems Research, Pacific Grove, California, January.

[75] [Zha2004] Zhao, J., Goble, C. A., Stevens, R. & Bechhofer, S. (2004). Semantically linking and browsing provenance logs for e-science. In Proceedings of the 1st International Conference on Semantics of a Networked World, Paris.

[76] [Bri+ 1997] Brickell, J., Porter, D. E., Shmatikov, V. & Witchell, E. Privacy-preserving remote diagnostics, CCS '07, October 29 – November 2.

[77] [Pfi+ 2001] Pfitzmann, A. & Köhntopp, M. (2001). Anonymity, unobservability, and pseudonymity: A proposal for terminology. In Designing Privacy Enhancing Technologies, pp. 1-9, Springer, Berlin/Heidelberg.

[78] [Rab 1981] Rabin, M. (1981). How to exchange secrets by oblivious transfer. Technical Report TR-8 1, Aiken Computation Laboratory, Harvard University, 1981.

[79] [Shib] The Shibboleth System (http://shibboleth.internet2.edu/).

[80] [Cra+2005] Cranor, L. F. & Garfinkel, S. editors. (2005). Security and Usabil-

ity: Designing Secure Systems That People Can Use. O'Reilly Media, Inc., Sebastopol, California, (http://www.oreilly.com/catalog/securityusability/toc.html).

[81] [Joh2009] Linda Johansson. *Trade-offs between Usability and Security.* Master's thesis in computer science, Linkoping Institute of Technology Department of Electrical Engineering, LiTH-ISY-EX-3 165, 2001. (http://www.accenture.com/xdoc/sv/locations/sweden/pdf/Trade-offs%20Between%20Usiability%20and%20Security.pdf).

[82] [SOU2008] Symposium on Usable Privacy and Security. The fourth conference was July 2008 (http://cups.cs.cmu.edu/soups/2008/).

[83] [Sun+09] Sunshine, J., Edelman, S., Almuhimedi, H., Atri, N. & Cranor, L. F. (2009). *Crying Wolf: An empirical study of SSL warning effectiveness.* USENIX Security.

[84] [Whi+1999] Alma Whitten & Tygar, J. D. (1999). Why Johnny can't encrypt: A usability evaluation of PGP 5.0. In *Proceedings of the 8th USENIX Security Symposium,* Washington, D.C., August 23–26, pp. 169–184 (http://www.usenix.org/publications/library/proceedings/sec99/whitten.html). In addition, several other websites might be worth considering. http://www.jnd.org/recommended_readings.html.

[85] http://gaudior.net/alma/biblio.html.

[86] http://www.laptop.org/.

[87] http://mpt.net.nz/archive/2008/08/01/free-software.

[88] [Neu2006] Peter G. Neumann. (2006). Holistic systems. ACM SIGSOFT *Software Engineering Notes,* 31(6), 4-5, November.

国防科技著作精品译丛·网电空间安全系列

国防工业出版社已出版或即将出版的国防科技著作精品译丛·网电空间安全系列，请关注：

《网络电磁安全科学研究路线图》

《信息战》

《电子战》

《网电空间安全：公共部门的威胁与响应》

《网电战争 —— 安全从业者的技术、战术与工具》

《网电力量和国家安全》

《网电空间态势感知问题与研究》

《网电战基础：在理论和实践中认识网电战基本原则》

《工业网络安全 —— 智能电网，SCADA 和其他工业控制系统等关键基础设施的网络安全》